全球价值链分工、技术进步对工资差距的影响

The Impact of Global Value Chain Division of Labor
and Technological Progress on Wage Gap

徐国庆 著

中国财经出版传媒集团

经济科学出版社

Economic Science Press

图书在版编目（CIP）数据

全球价值链分工、技术进步对工资差距的影响/
徐国庆著．—北京：经济科学出版社，2021.10
ISBN 978 - 7 - 5218 - 2975 - 4

Ⅰ.①全… Ⅱ.①徐… Ⅲ.①国际分工 - 影响 -
工资 - 研究 - 中国②技术进步 - 影响 - 工资 - 研究 -
中国 Ⅳ.①F249.24

中国版本图书馆 CIP 数据核字（2021）第 212783 号

责任编辑：杨　洋　卢玥丞
责任校对：齐　杰
责任印制：王世伟

全球价值链分工、技术进步对工资差距的影响

徐国庆　著

经济科学出版社出版、发行　新华书店经销
社址：北京市海淀区阜成路甲 28 号　邮编：100142
总编部电话：010 - 88191217　发行部电话：010 - 88191522
网址：www. esp. com. cn
电子邮箱：esp@ esp. com. cn
天猫网店：经济科学出版社旗舰店
网址：http://jjkxcbs. tmall. com
北京季蜂印刷有限公司印装
710 × 1000　16 开　12.25 印张　200000 字
2021 年 11 月第 1 版　2021 年 11 月第 1 次印刷
ISBN 978 - 7 - 5218 - 2975 - 4　定价：47.00 元
（图书出现印装问题，本社负责调换。电话：010 - 88191510）
（版权所有　侵权必究　打击盗版　举报热线：010 - 88191661
QQ：2242791300　营销中心电话：010 - 88191537
电子邮箱：dbts@ esp. com. cn）

前言

　　当前，伴随着全球价值链贸易的不断发展，无论是贸易规模还是贸易层次都在不断扩大，一方面为经济发展注入了持续增长的动力，另一方面也带来了收入分配差距的问题，特别是在广泛参与全球价值链分工的行业、地区或个体之间，形成了较为明显的工资差距；同时，考虑到工资差距的形成在很大程度上会受到国内生性技术的影响，这些技术进步因素通过作用于不同行业、地区或个体之间，往往也会带来一定程度的工资差距问题。因此，本书选取了全球价值链贸易和技术进步相结合的视角，分析其在共同作用的过程中对工资差距的影响。

　　本书紧紧围绕全球价值链分工、技术进步对工资差距的影响，从理论和实证两个方面展开分析。在理论上，通过分析全球价值链分工、技术进步的外部效应，以及全球价值链分工、技术进步对工资差距作用的机制，发现全球价值链分工、技术进步对工资差距作用途径的影响，受其他诸多因素的作用；并进一步，通过构建行业、地区、性别个体层面的理论模型，分析全球价值链分工和技术进步及其他因素对工资差距的影响。

　　同时，在实证分析上，结合理论分析中的作用机制及理论模型，从行业、地区、性别三个不同层面展开，分析全球价值链分工、技术进步对工资差距的影响。首先，从行业层面的角度，分析其对跨国行业工资差距的影响，以及对中国行业工资差距的影响。其次，从地区层面的角度，分析其对跨国整体和中国分省级地区工资差距的影响。最后，从中国地级以上城市中不同性别从业者等个体的角度，分析其对不同性别之间、同一性别内部工资差距的影响。

总而言之，本书通过结合全球价值链分工、技术进步对工资差距影响的理论和实证的分析，较全面地厘清了价值链分工、技术进步因素与不同维度工资差距之间的关系，有助于深化认识在当前世界经济发展格局下劳动力工资收入之间的差异化现象，为进一步提升开放经济格局下不同行业、不同地区、不同性别之间的平均工资水平提供了一定的建议，同时也为缩小这些不同维度之间和内部的工资差距提供了一些可行性的参考。

本书既重视基本理论的介绍及分析，同时深化相关理论的经验性研究，使读者不仅能了解并掌握当前全球价值链分工、技术进步的基本理论，熟悉其对工资差距的影响路径，还能获知如何运用相关理论进行经验研究，从而提高分析全球价值链分工的思维方法、理论素养及研究能力。

本书由东华理工大学徐国庆老师撰写，本书的出版获得了东华理工大学学术专著出版基金资助，以及东华理工大学博士科研启动基金的资助。本书是在作者博士毕业论文的基础上稍加调整而成书的。特此感谢导师南京大学国贸系黄繁华教授，参与评审的谢建国、于津平、张为付、韩剑、巫强等教授以及校外盲审导师，同时感谢同窗好友熊虎、翁润、宋建、杨源源、李宏亮、闫东升、凌永辉等博士，师门的唐保庆、姜悦、郭卫军、杨婷婷等博士。

目 录 <<

<< CONTENTS

第一章 导 论

首先，本章介绍了当前技术不断发展和全球价值链分工不断深入的背景，从该背景出发，分析了当前发达国家与发展中国家之间工资差距的一些现状，探讨了研究工资差距的意义；其次，从研究思路上，阐述了本书所思考问题的逻辑主线，进一步介绍了本书的主要研究内容；最后，总结了本书的研究方法，指出在研究过程中可能存在的创新及不足之处。

第一节
选题的背景及意义

21世纪以来，以计算机制造技术、计算机与互联网应用技术、基因与转基因技术、先进材料研发与制造技术等为代表的高新技术获得了突飞猛进的发展。新一轮产业革命，既促进和推动了经济全球化进程和全球价值链发展，也带来了全球化背景下利益如何公正分配的问题，不同国家、不同行业、不同地区之间工资差距的问题，正成为全球关注的重大课题。

当前，从总体上看，发达国家或地区依托有利的分工地位和自主创新性技术优势，获得了全球价值链分工发展的巨大红利，依据国际劳工组织的《2016/17全球工资报告（工作中的工资不平等)》，在2015年，发展中经济体的实际工资增长普遍较慢甚至出现下降，阿拉伯国家增长2.1%，非洲增长 2.0%，拉丁美洲和加勒比地区下降 1.3%，东欧下降 5.2%；而发达国家或地区的实际工资普遍增长相对较快，美国增长 2.2%，欧盟国家增长 1.9%①。根据比较优势理论，发展中国家通过发挥自身的优势，出口劳动密集型产品会使得非熟练技术工人的就业需求增加，推动工资上涨，在熟练技术工人工资不变的情况下，会促使熟练技术工人与非熟练技术工人之间工资差距的缩小；但是当出现价值链分工及技术外溢时，则会使得全球范围内工人之间的工资差距出现难以预测的变化。

从不同行业、地区和性别上考察就业群体的工资差距，确实是一个重要的命题。因为发达国家一方面不断外包中间品，造成内部中低技能劳动力收入份额的下降，工资水平的降低；但是另一方面，也通过提升分工的专业化水平，形成生产率的提高，也可能导致工资水平的上升，在考虑价值链分工和技术进步的影响时，其工资差距的变化则较难确定。广大发展中国家，由于欠缺自主创新性技术，缺乏赶超发达国家的实力，通过参与价值链分工的中低端环节，从总体上讲，难以提升价值链贸易发展的红利空间，使得内部行业或地区工资水平的提升幅度一般远低于发达国家内部行业或地区的提升幅度，形成跨国之间工资差距扩大的情况。

形成全球范围内工人之间工资差距变动的原因，固然有不同行业、不同地区的因素以及劳动者自身因素的影响，但是若结合当前的全球价值链贸易发展，以及技术进步的状况，对于不同行业、不同地区、不同性别个体之间以及内部工资差距的分析，应该会有一些新的发现。这些影响不同层面工资差距的作用路径，值得深入研究，故本书选择结合全球价值链分工、技术进步对工资差距影响的研究，以期探究其中的奥秘。

本书通过分析全球价值链分工、技术进步对工资差距的作用机制，从介绍全球价值链分工与技术进步的内涵及互动关系，到进一步阐释全球价值链

---

① 国际劳工组织.2016～2017 年全球工资报告（工作中的工资不平等）［M］.北京：中国财政经济出版社，2018：6－10.

分工、技术进步通过中间品外包、商品价格、技术转移（模仿）和技术创新、政府和市场主体等对工资差距的影响途径，再到结合行业、地区、性别等不同层面工资差距的异质性影响展开理论分析；并进一步构建不同的全球价值链分工指标和技术进步指标，针对行业、地区、性别等不同层面的工资差距进行实证分析，这些研究主题具有一定的理论意义和实践意义。具体而言，在理论视角上，本书通过结合全球价值链分工与技术进步的相关理论，深入分析了对工资差距的影响途径，在构建自成体系的理论框架后，夯实了国际贸易理论与劳动经济学的内在联系；在实践视角上，通过对不同层面下全球价值链分工指标与技术进步指标相结合影响工资差距的分析，进一步拓宽了研究视野，为当前技术发展突飞猛进的开放型经济背景下，如何缩小发展中国家与发达国家分行业之间的工资差距，如何缩小我国内部行业、地区或性别等不同层面的工资差距，提出了新的对策建议。

第二节
研究思路与主要内容

一、研究思路

本书以全球价值链分工、技术进步为出发点，以探讨不同行业、地区、性别等层面的工资差距为重点，在大量研究国内外相关文献的基础上，深入研究全球价值链分工、技术进步对不同层面工资差距的影响。本书根据现有的理论和实证研究，依次解决以下四个问题：

第一，全球价值链分工、技术进步对工资差距的作用机制如何？

第二，全球价值链分工、技术进步、工资差距的现状及测度如何？

第三，全球价值链分工、技术进步对不同层面工资差距影响的效果如何？

第四，如何对实证分析中全球价值链分工、技术进步对工资差距的总体影响进行总结？

按照上述四个问题的逻辑顺序，一是，本书在阅读大量国内外影响工资差距的相关文献中，整理出前人的研究思路，发现从国际贸易或技术进步的视角研究工资差距的文献较多，且逐步从单一论述贸易对工资差距的影响转向结合贸易的技术溢出效应对工资差距的影响，或从单一自主性创新技术进步对工资差距的影响转向结合贸易、投资的技术溢出效应对工资差距的影响，因此研究全球价值链分工对工资差距的影响，有必要与技术进步相结合，特别是自主创新性技术进步和通过贸易获取的技术进步效应（即技术溢出效应），均应有所考虑。二是，在引入全球价值链分工、技术进步的内涵及互动关系的分析后，进一步分析全球价值链分工、技术进步对工资差距的影响途径，总结出中间品外包、商品价格、技术转移（模仿）和技术创新、政府和市场主体等不同因素作为全球价值链分工、技术进步影响工资差距的途径；并进一步建立理论模型分析全球价值链分工、技术进步对行业、地区、性别等不同层面工资差距的异质性影响。三是，对全球价值链分工、技术进步、工资差距的测度方法进行介绍，并且采用相关方法，展示出测度结果。四是，通过对不同行业、地区、性别等层面的工资差距进行实证分析，以检验本书中所阐释的全球价值链分工、技术进步对工作差距的作用机制和理论模型。五是，提出依托全球价值链分工和技术进步的发展，缩小同一层面之间及内部工资差距的对策性建议（见图 1 - 1）。

本书共分为九章，基本结构框架如下：

第一章为导论。从选题的背景及意义、研究思路与主要内容、研究方法及可能的创新三个部分阐述。

第二章为与本书相关的国内外文献综述。主要从全球价值链分工对工资差距影响的文献研究、技术进步对工资差距影响的文献研究两方面展开，同时对以上两个理论的文献进行评述，并提出本书的研究方向。

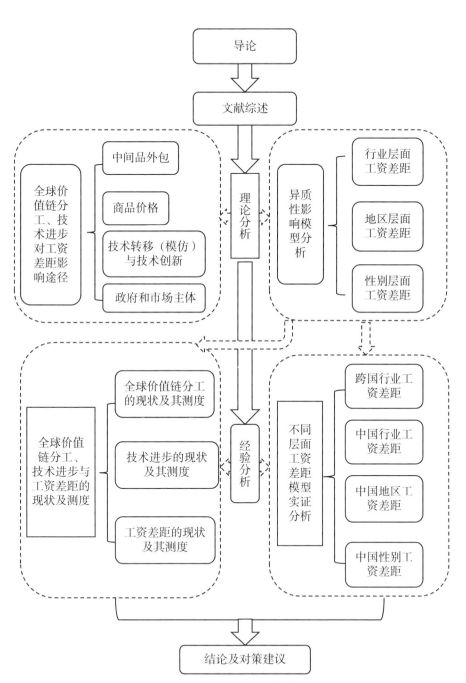

图 1-1 本书的研究结构框架

第三章为全球价值链分工、技术进步对工资差距的作用机制。其中第一节为全球价值链分工、技术进步的内涵及互动关系；第二节为国际分工理论中的工资差距研究，从古典贸易理论、新古典贸易理论、新经济地理学以及中间品贸易理论等四个不同的理论视角展开分析；第三节为全球价值链分工、技术进步对工资差距的影响途径，从中间品外包、商品价格、技术转移（模仿）和技术创新、政府和市场主体等不同影响途径展开分析；第四节为全球价值链分工、技术进步对不同层面工资差距的异质性影响的理论模型分析。

第四章为全球价值链分工、技术进步与工资差距的现状及其测度。第一节为全球价值链分工的现状及其测度，分析了 21 世纪以来全球价值链分工的发展，并列出一系列测算全球价值链参与程度和分工地位的指标；第二节为技术进步的现状及其测度，分别从全球及中国制造业的纵深发展等角度介绍，同时，也对技术进步的诸多测度方法予以介绍；第三节为工资差距的现状及其测度，首先评述了当前在国别、行业、性别等分类指标上的工资差距，随后对工资差距的不同测度方法予以介绍。

第五章为全球价值链分工、技术进步对跨国行业工资差距影响的实证分析。通过引入不同的价值链分工指标和技术进步指标来分析其对跨国行业之间及行业内部工资差距的影响。

第六章为全球价值链分工、技术进步对中国行业工资差距影响的实证分析。通过引入不同的价值链分工指标和技术进步指标来分析其对制造业分行业间及行业内部工资差距的影响。

第七章为全球价值链分工、技术进步对中国地区工资差距影响的实证分析。通过引入不同的价值链分工指标和技术进步指标来分析其对中国不同地区之间及地区内部工资差距的影响。

第八章为全球价值链分工、技术进步对中国性别工资差距影响的实证分析。

第九章为对前述理论分析和实证分析的总结，并据此提出相关对策建议。

二、研究内容

本书的研究内容聚焦于价值链分工指标和技术进步指标对工资差距的影响，在对现实世界中不同层面工资差距的观察和对大量文献的分析后，提出全球价值链分工、技术进步对工资差距影响的作用机制，从全球价值链分工、技术进步的内涵和互动关系的分析入手，对工资差距的影响途径展开分析，并建立不同层面工资差距的理论模型深入分析异质性影响。在具体测度了全球价值链、技术进步、工资差距等相关指标后，结合作用机制的研究，建立实证模型分析价值链分工指标和技术进步指标对行业、地区、性别等不同层面工资差距的影响。

由于本书研究的是全球价值链分工、技术进步对工资差距的影响，因此在对全球价值链分工下的贸易进行界定时，突出强调了中间品贸易，具体用价值链参与度、价值链分工地位等指标来衡量全球价值链分工的参与程度或地位水平。在对技术进步进行界定时，依据技术进步的概念和类型，分别采用全要素生产率指数、研发人员占比、专利申请等表征质量型和数量型技术进步；并结合价值链分工的诸多技术进步效应，展开分析。对于工资差距的分析，从行业层面上，包括跨国行业之间及行业内部工资差距、中国制造业分行业之间及分行业内部工资差距；以及地区层面上，包括中国地区之间及地区内部工资差距；到性别层面上，包括中国地级以上城市不同性别之间及同一性别内部不同技能层次工人的工资差距；通过对这些不同层面工资差距的实证分析，力求全面反映当前工资差距的研究深度。

既有的理论分析结果表明，在价值链贸易的发展进程中，尽管贸易的技术进步效应会使技能溢价上升，促使不同技术层次工人之间工资差距扩大（Feenstra and Hanson，2001；Kurokawa，2014；耿伟和郝碧榕，2018），但同时贸易开放引致的熟练技术工人跨区域流动形成的就业摩擦效应则会造成工资差距的缩小（Burdett and Mortensen，1998；Anwar and Sun，2012），说明价值链分工对工资差距的影响存在不确定性情况，特别是价值链参与度程度或分工程度等不同指标，结合不同的技术进步指标或其他因素，对不同技术层次工人的就业、工资水平的影响会有所差异，进而对工资差距的影响作用较难判断。因此，在本书的实证研究中，通过结合行业、地区、性别等不同层面的价值链分工数据、技术进步数据和工资数据进行实证分析后，发现不同的价值链分工指标、技术进步指标及其价值链分工的技术进步效应对工资差距的影响作用确实存在较大差异，对于该差异化原因的解释是本书在实证分析中的重要内容。

第三节
研究方法及可能的创新

一、研究方法

本书研究的目的是要揭示出全球价值链分工、技术进步对工资差距的影响机制，并通过对行业、地区、性别等不同层面工资差距的分析，对具体的影响加以检验和论证。为此，结合研究目的，所采取的研究方法，主要可归纳如下：

（1）文献研究。借助丰富的电子资源，如 CNKI、Springer LINK、JS-TOR、Web of Science、Science Direct、百度学术、谷歌学术、搜狗学术等不同的网络平台，下载相关经典和前沿研究文献；同时结合纸质版期刊、图书等文献，通过对现实问题的思考，找准解决问题的切入点，进行凝练性总结与分析，优化本书的选题角度、分析框架和分析方法。

（2）理论分析与实证分析相结合。本书在对全球价值链分工、技术进步对工资差距影响的大量文献分析的基础上，从不同的理论视角深入分析工资差距的形成原因；在对全球价值链、技术进步的内涵及互动关系的分析后，进一步分析其对工资差距的影响途径，并通过理论模型分析全球价值链分工、技术进步对不同层面工资差距的异质性影响。同时通过构建计量模型，利用不同层面的数据实证分析价值链分工指标和技术进步指标对工资差距的影响，做到理论分析与实证分析的相互结合。

（3）不同层面论证相结合。在分析全球价值链分工、技术进步对工资差距的影响上，本书选取了行业、地区、性别等不同层面的数据展开论证，分析了该因素对跨国行业之间及行业内部、中国制造业分行业之间及行业内部工资差距的影响，对中国分地区之间及内部工资差距的影响，以及对中国地级以上城市分性别之间及其同一性别内部工资差距的影响，力求从多个不同的角度相对全面准确地分析全球价值链分工和技术进步对工资差距的影响。

（4）统计和计量分析。基于不同维度下工资差距的形成，本书分别选取了《中国劳动统计年鉴》《中国科技统计年鉴》、WIOD 数据库、《中国工业统计年鉴》、国际清算银行数据库、中国海关数据库、《中国统计年鉴》《中国对外直接投资统计年鉴》《中国人口统计年鉴》《中国教育统计年鉴》、国家统计局数据库、北京市师范大学中国城镇居民收入调查数据库、《中国城市统计年鉴》、世界银行数据库、国际劳工组织数据库、联合国教科文组织数据库等不同的数据资源，采用混合回归法、面板回归法、面板工具变量法、门槛回归法、分位数回归法等不同计量方法分析不同层面下的核心解释变量对因变量的影响关系。

二、可能的创新及不足

（一）可能的创新

1. 结合全球价值链分工、技术进步的视角分析对工资差距的影响

在既有的研究文献中，一部分是纯粹分析价值链贸易或技术进步对工资

差距的影响，另一部分是分析传统国际贸易及其技术进步效应对工资差距的影响，但少有文献结合全球价值链分工与技术进步对工资差距的影响展开分析，本书试图结合全球价值链分工中的参与度、分工地位等不同因素，与技术进步中的全要素生产率、研发投入、专利申请等不同因素，以及全球价值链分工的外溢式技术进步效应等对工资差距的影响展开分析。

2. 在理论机制分析上，提出了一些新的见解

从理论机制上，参考价值链分工的事实，提出在全球价值链分工、技术进步对工资差距的影响途径中，中间品外包下的斯托尔珀—萨缪尔森效应是其产生作用的最重要因素；同时提出政府和市场主体，特别是政府、劳动者的行为，在全球价值链分工和技术进步下，会起到影响工资差距的重要作用。

3. 在分析层面上，可能相对全面

本书通过构建行业、地区、性别等不同层面的理论模型分析全球价值链分工、技术进步对工资差距的影响，且从世界和中国的数据等不同的角度来分析行业之间及行业内部、地区之间及地区内部、不同性别之间及同一性别内部工资差距的影响。

4. 实证中指标选取和方法上可能的创新

考虑到全球价值链分工的技术进步效应的可能存在，在实证模型中采用了价值链分工指标和技术进步指标的交互项表征，发现在不同层面上对工资差距的影响作用是显著的，说明确实存在显著的价值链分工技术进步效应。同时，通过构建价值链分工技术进步效应的门槛模型，实证分析出在一定临界值水平上的价值链分工通过技术进步对工资差距产生的作用，结果有较为明显的差异。

（二）不足之处

第一，主要表现在对于不同层面工资差距理论模型的构建，未能深入阐

释变量的形成与变化。这也是后续研究中，值得加以完善的地方。

第二，由于各种原因，目前关于中国服务业工资的数据、对应细分行业研发投入的数据及多国性别工资数据的缺少，导致在分析中国分行业工资差距的影响和性别层面工资差距的影响时，有所偏颇，仅限于分析中国制造业分行业和中国地级城市以上特定年份的性别工资差距。

第二章 文献综述

首先，本章从全球价值链分工对工资差距影响的文献展开研究，从对跨国层面工资差距的影响，到对一国内部不同行业或企业层面工资差距的影响，再到对性别层面工资差距的影响，不断展开分析。其次，从技术进步对工资差距影响的文献展开研究，从纯粹的技术进步对工资差距的影响，到技术进步结合国际贸易对工资差距的影响，到从国际贸易所带来的技术进步效应对工资差距的影响，再到从技术进步对性别工资差距的影响，逐一展开分析。最后，在结合本书研究内容的基础上，对相关文献进行评述，进一步引出本书的研究方向和研究思路。

第一节
全球价值链分工对工资差距影响的文献研究

全球价值链分工理论是从价值链理论发展而来的，波特（Porter，1985）首次提出了价值链的概念，他认为价值链是企业创造价值的一种动态过程，包括了企业加工、生产和销售等多条价值链环节，波特注意到企业在不同环节上的附加值差异，并通过分析比较优势的差异，发现各国只有充分利用自身的比较优势参与价值链分工与贸易，才能增强本土企业的竞争能力。科古特（Kogut，1985）进一步提出了企业产品在全球组装、生产的现实性下，更应关注全球价值链，突出全球价值链与垂直专业化分工的空间再配置。

关于全球价值链分工对工资差距的影响，施振荣（1996）发现在产品生产加工的不同环节上，创造出了不同的附加值，就一般情况而言，生产以及组装环节所创造出的附加值相对较低，而上游研发、设计等技术性环节和下游的营销、售后服务等环节创造的附加值较高，其用"微笑曲线"形象地描绘出了全球价值链理论中关于收入分配的核心内容。在全球价值链分工对地区工资差距的影响上，芬斯特拉和汉森（Feenstra and Hanson，1997）通过对1975~1988年墨西哥参与全球价值链分工后的影响，发现该国技术工人的工资水平出现了上升，扩大了与非技术工人之间的工资差距，其中在接近一半程度上是由于本土制造业向当时高附加值的装配企业转型。芬斯特拉和汉森（Feenstra and Hanson，1999）通过对美国参与全球价值链分工下中间品进口的影响进行分析，发现中间品的进口极大提升了技术工人的需求量，提高了技术工人的工资溢价水平，扩大了不同技能层次工人之间的工资差距。陈和基尔兹科夫斯基（Cheng and Kierzkowski，2001）通过分析东亚地区的生产全球化，发现企业通过外购零部件、本土组装的全球价值链分工方式，结合人力成本和规模经济的优势，极大地提高了产品的竞争力，通过出口贸易，提升了本地工人的工资水平，缩小了与发达国家之间的工资差距。格里菲等（Gereffi et al.，2001）发现全球价值链分工所带来的利益，无论是在国家之间还是国家内部都是极为不均衡的，其认为跨国公司虽然根据各研发、加工、组装、生产、销售等环节，将不同企业联系在一起，形成了一种新的国际贸易治理体系，但是各价值链分工的参与者，必然会根据自身所处的环节及其所具备的能力，以及一些外部因素的影响，非均等化分享贸易利益，从而形成收入差距。布朗和麦金托什（Brown and Mcintosh，2003）发现发展中国家参与全球价值链分工，会通过吸收外部资本和技术，提升本国内部低技术层次劳动力的技术水平，缩小内部的技能工资差距。冯晓华等（2018）从中国全球价值链参与路径的视角，分析了对工资差距的影响，发现省内垂直专业化缩小了技能溢价，也缩小了各省之间低技能劳动力的工资差距；国内垂直专业化扩大了技能溢价，以及各省之间高技能劳动力的工资差距；国际垂直专业化则缩小了各省之间同一技能劳动力的工资差距。

在全球价值链分工对行业或企业工资差距的影响上，徐和李（Xu and Li，2008）通过对 1998～2000 年中国企业参与全球价值链分工的数据，发现外商控股投资企业通过增加雇佣高技能工人和减少雇佣低技能工人，扩大了工资差距；而其他外商企业却通过增加雇佣低技能工人，进而缩小了工资差距。弗霍根（Verhoogen，2008）根据墨西哥制造业的数据，分析了贸易和工资的非均衡性，其认为高质量产品生产工人的工资比低质量产品生产工人的工资更高，原因在于实际的出口中多为高质量产品，结果导致出口行业中不同质量产品生产工人工资的差异，同时汇率贬值也导致了出口的增加，在质量升级的作用下，会进一步提升高、低技能工人之间工资的差距。埃格等（Egger et al.，2013）通过分析 5 个欧洲国家的行业数据，发现出口企业的工资相比非出口企业的工资具有 6% 左右的溢价水平，同时发现全球价值链分工的更高融入程度对工资差距具有重要的影响，会显著提升行业工资的不平等程度和降低总体就业的水平。陈波、贺超群（2013）基于异质性企业的国际贸易模型，结合中国工业企业数据，分析了参与全球价值链分工的出口企业与非出口企业的工资差距，结果表明企业出口密集度每上升 1%，会引起工资差距拉大 0.3%。蔡宏波等（2014）采用中国服务业企业参与全球价值链分工的数据，分析了服务进口对不同地区和不同行业间工资差距的影响，发现服务性商品进口的增加会扩大东部地区和中西部地区服务性企业间的工资差距，同时也会扩大现代服务业和传统服务性企业间的工资差距水平。胡昭玲和李红阳（2016）从价值链分工位置的视角分析了我国工业细分行业的工资差距，其认为分工位置的下滑导致了不同技能劳动力之间工资差距的扩大。周昕（2017）根据 TIVA 数据库测算的价值链参与度与价值链分工地位，分析了其对我国制造业分行业高、低技术劳动力相对工资的差异，同时发现全球价值链参与度及价值链分工地位对高技能劳动力工资存在显著为正的影响。吴云霞和蒋庚华（2018）从中国在全球价值链参与位置变化的视角分析了行业内高、中、低三种技能工人工资差距的变化，发现中国在全球价值链位置的变化缩小了高技能劳动者与中、低技能劳动者工资报酬的差距。赵晓霞和胡荣荣（2018）从我国行业参与价值链分工的视角，分析了对行业内技能工资差距的影响，发现价值链参与度较高的行业，工资差距呈现出扩大的趋势，而价值链参与度较低的行业，工资差距则呈现出缩小的趋势。

在全球价值链分工对性别工资差距的影响上，阿尔瓦雷斯和罗伯逊（Alvarez and Robertson，2002）通过对智利和墨西哥两国参与全球价值链数据的调查，发现贸易自由化所引致的技术进步显著扩大了两国内部的性别工资差距。奥斯滕多普（Ostendorp，2004）通过对国际劳工组织 1983～1999年跨国数据的分析，发现全球价值链贸易和外资净流入会显著缩小性别工资差距。贝里克等（Berik et al.，2004）通过对 1980～1999 年中国台湾地区和韩国制造业数据的分析，发现价值链贸易下的中间品进口显著扩大了不同性别之间的工资差距。梅农和罗杰斯（Menon and Rodgers，2007）通过对印度家庭调查数据的分析，发现全球价值链分工地位的提高显著扩大了本国内部制造业部门的性别工资差距。刘斌和李磊（2012）依据中国城镇住户调查的数据，分析发现全球分工下的对外贸易扩大了总体上的性别工资差距，但是在不同技能的劳动力之间，存在着较大的差别，在高技能劳动力之间，其会显著缩小性别工资差距，而在低技能劳动力之间，则会扩大性别工资差距。席艳乐等（2013）依据中国健康与营养调查的数据，分析发现贸易自由化扩大了中国的性别工资差距。魏浩等（2014）依据中国城镇住户调查的数据，分析发现对全球分工下的对外贸易扩大了我国城镇内部的性别工资差距。萨雷和佐比（Sauré and Zoabi，2014）通过构建贸易扩大时吸收更多女性就业者模型的分析，发现在实际情形中贸易的扩大会导致女性生产率的下降，进而提升男性的性别工资溢价，扩大不同性别之间的工资差距。布鲁塞维奇（Brussevich，2018）通过对美国制造业部门进口数据的分析，发现国际分工背景下贸易自由化的开展，提升了女性的工资水平，为女性带来了更多的就业福利，缩小了不同性别之间的工资差距。陈怡等（2018）从参与国际分工的角度，发现贸易的自由化程度在整体上扩大了性别工资差距，但对分技能群体性别工资差距的影响上存在差异化情况。

第二节
技术进步对工资差距影响的文献研究

技术，依据我国大型综合性辞典《辞海》中的定义为"人类在利用自然和改造自然的过程中积累起来并在生产劳动中体现出来的经验和知识，也泛指其他操作方面的技巧"，或指"技术装备"[①]；在韦式学习词典（Merriam – Webster Learner's Dictionary）中的定义，则是指"不同产业或工程上所发明的一些工具或方法，以解决所遇到的问题"，以及"一台机器、一件设备或一种工艺流程，其创造方法皆可以称作技术"[②]；换言之，技术是用于生产货物或服务或实现诸如科学调查等目标的技巧、技能、方法和过程的集合，它既可以是技艺等方面的知识，也可以是嵌入管理或其他活动而提供的优势性服务或智力支撑；技术进步则指的是上述这些知识、工艺或服务等方面所取得的进步，其主要表现在设备的先进程度及其使用效率以及劳动力的素质、生产工艺的合理性或管理决策的水平等方面。因此，正确认识技术进步的作用，显得尤为重要。

针对技术进步作用的研究，在斯密的《国民财富的性质和原因的研究》中已有论述，他认为技术进步对经济增长起到了基础性作用，能显著地促进

---

① 夏征农，陈至立，等主编．辞海［M］．上海：上海辞书出版社，2009（9）.

② Merriam – Webster's Advanced Learner's English Dictionary［M］．MA，USA：Merriam – Webster press，Retrieved 7，November 2016.

经济的发展[①]；熊彼特（Schumpeter，1942）率先将创造性破坏、颠覆性技术等创新概念引入技术进步中，突出技术进步下生产要素再次组合对经济发展的作用，并提出以创造性破坏为代表的技术进步能使经济实现动态竞争，推动其长远发展。

在技术进步对工资差距影响的文献中，一些学者仅从技术进步方面的作用来分析其对工资差距的影响，如普林斯顿和斯劳特（Princeton and Slaughter，1998）通过分析经济合作与发展组织（OECD）中10个成员方的数据，发现偏向性技术进步，在一定程度上，可以解释这些不同国家内部技能溢价的原因，特别是部门偏向性技术进步会影响部门内相关要素的价格，而不会影响要素偏向，高技术要素密集型部门内的技术进步通常会在一定程度导致技能溢价的上升，低技术要素密集型部门内的技术进步则会形成技能溢价的下降，当技能溢价上升时，偏向性技术进步会集中在高技术要素密集型部门，反之则相反。卡德和迪纳尔多（Card and Dinardo，2002）通过分析技能偏向性技术的变迁，发现其并不能解释同等教育情况下，包括性别、年龄等组别的工资差距问题，表明在影响工资差距的因素中还存在着一些未知因素。奥特尔等（Autor et al.，2008）通过对美国1963~2005年数据的分析，发现自20世纪80年代以来工资差距的不断扩大，并非因为非市场化因素，特别是真实最低工资的下降，也不是由于20世纪80年代末期机器人的出现所引起的对低技能劳动力的替代，而是由于高技能劳动力需求的快速增加超过了供给增加的速度，因此进一步加剧了高、低技能劳动力之间工资差距的问题。李尚骜（2010）从技术进步的视角，分析了人力资本的投入可以提高技术进步的整体水平，发现偏向性技术增长速度的缩小会形成跨国工资差距缩小的收敛性趋势。董直庆等（2013）通过估计中国技能溢价水平，发现我国技术进步的偏向性发展对技能以及非技能劳动力之间的替代效应明

---

① ［英］亚当·斯密，著. 国民财富的性质和原因的研究［M］. 郭大力，王亚南，译. 北京：商务印书馆，1972：39-121.

显，并实证出我国技能溢价源于偏向型技术进步且偏向性效应在不断强化。董直庆等（2014）从中国偏向于劳动力技能方向的技术进步不断发展的事实出发，发现其显著扩大了不同技能劳动力之间的工资差距，而受制于中性技术进步下的技能劳动力供给效应的作用，形成了技能工资差距的缩小。陈勇和柏喆（2018）从技能偏向性技术进步的视角，分析了不同偏向性技术进步对推动不同技能劳动力所出现的集聚效应，以及所形成的不同地区之间工资差距扩大的现象。

一些学者从技术进步结合国际贸易的视角来分析其对工资差距的影响，其认为发展中国家采取的出口劳动密集型产品和进口技术密集型产品的策略，并不能成为国内工资差距扩大的解释原因，因为工资差距的扩大，更多的是一个经济发展后对其成果分配的问题，其不应该仅从国际贸易中得到解释，而应该从结合技术进步，特别是有偏向的技术进步的视角来分析，因为在有偏向的技术进步下，会通过刺激高技能工人的用工需求，进而提升技能溢价水平，形成工资差距的扩大。克鲁格曼和劳伦斯（Krugman and Lawrence，1993）通过1979～1993年美国制造业雇佣技术工人的情况的调查，发现在众多的行业中均雇用了更多的高技术层次的工人，因而使得技能溢价水平不断上升，而贸易因素对工资差距的作用很小。鲍德温和凯恩（Baldwin and Cain，2000）通过对美国1977～1987年工资差距扩大事实的分析，发现技术进步相比国际贸易所起的作用更大，国际贸易仅能成为10%左右形成工资差距的原因。克鲁格曼（Krugman，2000）通过对美国进口制成品来源国分布情况的分析，发现从欧盟国家进口的制成品约为从其他发展中国家进口制成品的50倍，但是美国内部的工资差距却扩大了30%，说明对发展中国家如此小的贸易量，并不能带来国内要素价格的下降，以及低技能层次劳动力工资水平的下降，国内的自主创新性技术进步才是工资差距扩大的原因。喻美辞（2008）通过分析国际贸易和技术进步指标对行业内工资差距的影响，发现国际贸易扩大了工资差距，但技术进步的作用并不显著。邵敏和刘重力（2010）通过对中国工业细分行业出口的分析，发现技术进步能提升行业出口技术密集度，促使其发生技能偏向性技术进步，进而提升行业内技能溢价水平。尹正和倪志伟（2018）通过结合贸易和技术进步，分析了其对工资差距的影响，发现技术进步会提升技能溢价水平。

另一些学者从国际贸易所带来的技术进步效应，即通常的技术溢出的视角来分析其对工资差距的影响，如芬斯特拉和汉森（Feenstra and Hanson，1996）通过对美国 1972～1990 年的产业内贸易数据，发现中间品进口的技术进步效应会促使技术工人需求增加，导致其工资水平上升，同时发现技术进步效应占到了美国 20 世纪 80 年代技能劳动力需求增加因素的 31%～51%，远超过此前估计的 15%～33%。伍德（Wood，1997）通过对发展中国家贸易的自我保护性创新效应的分析，发现该种创新会显著促进国内的技术进步，提升对高技能工人的用工需求，并提升其工资溢价水平。阿西莫格鲁（Acemoglu，1998，2003）通过分析国际贸易的价格效应，认为国际贸易通过提升技术密集型产品的相对价格，进而促使发达国家形成技能偏向性技术进步，进一步通过全球价值链分工的循环作用促使发达国家的技术逐步转移至发展中国家，从而提升发达国家的高技术层次工人的就业需求和工资溢价水平。法恩泽尔伯和费尔南德斯（Fajnzylber and Fernandes，2004）通过对中国和巴西等国数据的分析，发现在进口中间投入品的全球价值链贸易、吸引外商直接投资和引进国外专利上，都形成了一定范围的技术进步效应，提升了本国高技能劳动力的就业需求，进而推升了技能溢价水平。孔蒂和维瓦雷利（Conte and Vivarelli，2007）通过对中、低收入国家进口中间品和最终品的国际技术进步效应的分析，发现贸易的技术溢出会引起国内劳动力就业结构的偏向性转移，促使雇佣主体更青睐高技能劳动力，进而扩大高技能劳动力的工资溢价水平，形成与低技能劳动力之间工资差距的扩大。喻美辞（2012）通过对中国进口中间产品的分析，发现该进口会带来明显的技术溢出，形成高技能层次劳动力就业需求的增加和工资水平的上升，促使技能工资差距进一步扩大。喻美辞和喻春娇（2016）通过对自主性技术创新及进出口引致的技术创新效应的分析，发现进口贸易所带来的技术创新效应扩大了技能溢价水平，出口贸易所带来的技术创新效应对技能溢价水平的作用并不明显。翟涛和于翠平（2016）通过分析贸易开放引致的偏向性技术进步的效应，发现该技术进步效应扩大了不同技能劳动力之间的工资差距。

在技术进步对性别工资差距的影响上，卡茨和墨菲（Katz and Murphy，2000）发现技术进步指标引起的对女性劳动力就业需求的增加超过了供给的增加，促使女性的平均工资水平得以提升，进而缩小了与男性之间的工资差距。艾伦（Allen，2001）通过分析技术进步对性别工资差距的影响，发现在高技术密集型行业相较低技术密集型行业，性别工资差距会明显变小，表明技术进步会带来性别工资差距的缩小化趋势。蒂克和瓦哈卡（Tick and Oaxaca，2010）通过分析美国1979~2001年的技术进步水平对性别工资差距的影响，发现在差异化职业上，技术进步对性别工资差距也存在着差异化影响，在高技能职业上，技术进步会显著缩小性别工资差距，但是在低技能职业上，没有显著的影响。芬迪克（Findik，2008）通过对1980~1998年13个国家面板数据的分析，发现技术进步会显著缩小性别工资差距。

一些学者从身体结构的视角，分析了女性对于技术进步的需求偏好大于男性，进而形成男性在就业市场上的就业需求会低于女性，韦尔奇（Welch，2000）通过构造"脑力—体力"的两要素模型分析男女之间的比较优势，提出男性相较女性具有明显的体力优势，表现为体力密集型特征，而女性相较男性具有明显的脑力优势，表现为脑力密集型特征，因为技术进步通过其缜密的思维特征，促使脑力的重要性不断上升，而体力的重要性不断下降，因此有助于提高女性的工资水平，缩小性别工资差距。巴克洛德等（Bacolod et al.，2010）进一步将每个人的技能分为认知方面的技能和运动方面的技能，相较男性，女性更多地体现在认知技能的优势上，由于技术进步的表现特征更多地体现在认知方面，因此技术进步有助于通过提升女性的平均工资，缩小与男性之间的工资差距。博瑞德和刘易斯（Beaudry and Lewis，2014）进一步构建出个体工资决定的分析框架，其认为不同性别的工资水平取决于他（她）所具有的该两种技能的分布，以及他（她）所处的工作环境对于不同技能的定价水平；同时其也认为，女性具有认知技能的比较优势，当技术进步提升认知技能的相对价格时，会促使女性工资水平的上升，缩小与男性之间的工资差距。

相比国外，我国仅有少数研究者关注技术进步对性别工资差距的影响。邢春冰等（2014）通过研究技术进步对教育回报率的作用机制，分析了其对性别工资差距的影响，发现教育回报率的提高会显著缩小性别工资差距，对应的，技术进步也会显著缩小性别工资差距。刘仁宝和刘冠军（2017）通过分析技术进步对性别工资差距的影响途径，发现技术进步水平的不断提升会带来性别工资差距的缩小。魏下海等（2018）通过分析产业线升级对不同性别工资差距的影响，认为产业线升级会导致性别工资差距的缩小化现象，而产业线升级是工厂技术进步的一个重要表现，因此其进一步认为技术进步会显著缩小性别工资差距。卢晶亮（2018）通过考察1995～2013年我国城镇劳动力中的性别工资差距，发现不同性别劳动力技能的差异是导致性别工资差距的主要因素，而劳动力技能的形成与技能偏向性技术进步之间有很强的关联性。郝翠红和李建民（2018）从技术进步的视角分析了其对性别工资差距的影响，发现技术进步在一定程度上能缩小性别工资差距。

第三节
对现有文献的评述

结合前述全球价值链分工对工资差距影响、技术进步对工资差距影响的文献研究的特点，发现在全球价值链分工对工资差距影响研究的相关文献上，数量相对较少；在技术进步对工资差距影响研究的相关文献上，数量相对较多，且很多文献的研究角度逐步转向通过分析贸易的技术进步效应对工资差距的影响上。这些文献的研究视角相对比较全面，且研究的层次感比较强，然而在分析全球价值链分工对工资差距的影响上，少有文献从结合技术进步的视角进行分析，特别是较全面地结合自主创新性技术进步和溢出性技术进步，来分析其对工资差距的影响。

在分析前述国内外文献研究的特点后，发现针对工资差距的研究，主要集中于寻找造成工资差距的原因，如认为是劳动者自身的人力资本、高技能劳动力的需求或国际贸易的溢出效应，或不同因素之间的结合等视角。若单纯从国际贸易的视角来分析工资差距的原因，虽然也能在一定程度上阐释工资差距的形成问题，然而在当前推进技术创新、提升全要素生产率的发展格局下明显存在不足之处，更需要借助于自主创新性技术进步和溢出性技术进步的因素来分析工资差距的形成及其影响问题。因此，本书通过选择结合全球价值链分工、技术进步的视角来分析对工资差距的影响问题，或许具有一定的新意。同时，从行业、地区、性别等不同层面来分析，或许在一定程度上能对全球价值链分工、技术进步等因素所影响的不同层面工资差距的形成与演化更深入阐释，为高收入国家、中等收入国家及我国在发展全球价值链贸易、提升技术进步时，缩小不同层面的工资差距，提供更宽阔的分析视野。

由此，本书希望借助 WIOD 数据、中国科技统计年鉴数据、中国劳动统计年鉴数据、中国家庭收入调查数据，以及其他诸多数据库的结合，从行业层面、地区层面、性别层面来分析全球价值链分工、技术进步对工资差距的影响，可能具有一定的新意。

第三章　全球价值链分工、技术进步
对工资差距的作用机制

本章着眼于全球价值链分工、技术进步对工资差距作用机制的理论分析，从四个不同的层次展开。首先，分析了全球价值链分工、技术进步的内涵及互动关系；其次，分析了国际分工理论中关于工资差距形成的研究脉络；再次，通过分析全球价值链分工、技术进步对工资差距的影响途径，从中间品外包、商品价格、技术转移（模仿）和技术创新、政府和市场主体等方面展开分析；最后，通过构建不同的理论模型，分析全球价值链分工、技术进步对行业、地区、性别等不同层面工资差距的异质性影响，发现其影响机理较为复杂。

第一节
全球价值链分工、技术进步的内涵及互动关系

一、全球价值链分工的内涵

全球价值链依据联合国工业发展组织（UNIDO，2002）的定义，指"为实现商品或服务的价值而连接生产、销售、回收处理等过程的跨国性生

产网络"。因此，全球价值链分工即是在此跨国性生产网络下形成的国际分工，该分工主要与中间品贸易相结合，其具体涉及"从原材料的采购、运输，半成品和成品的生产、分销，以及成品的最终消费和回收处理的整个过程"[①]，从本质上看全球价值链分工是全球化的产物，是人类社会发展到一定阶段，为发挥自身的特定优势，而进行的专业化生产货物或服务产品，并进行贸易的行为。

当前，伴随着全球经济的协同性发展，全球价值链分工的内涵也不断突破原有的分工模式，其主要表现在以下四个方面。

（一）片段化优势集中凸显

在全球价值链分工格局下，各国通过自身所具有的区位、劳动力、技术、要素、组织、管理等片段化优势，开展中间品的生产与流通，集中发展产品与服务的生产，实现更高程度的利润获取。伴随着生产、消费速度的加快，海关监管模式的变革，以及自由贸易区的兴起，全球价值链分工的发展更贴近于现实生产和消费的需要；特别是在互联网技术的不断进步下，依托电子商务和国际快递的便捷性，全球价值链分工的多样性和便捷性也日益增强。

（二）制造业服务化与服务业制造化并行出现

在全球价值链格局下，制造业分工不断呈现出服务化的特点，一方面表现在制造业的投入比例中，服务性要素占比越来越高，依据胡昭玲等（2017）对 2016 年底更新的 WIOD 数据库分析发现，在 2014 年，欧盟内部发达国家服务性要素中间投入占制造业产品中间投入的程度普遍超过 50%，而部分发展中国家制造业服务化的程度不足 40%。另一方面表现在制造业

---

① 联合国工业发展组织，著. 工业发展报告 2002/2003：通过创新和学习参与竞争 ［M］. 国务院发展研究中心，译. 北京：中国财政经济出版社，2003：95 – 105.

产品的定价中，服务性产品所占的比重也越来越高，如产品的售后服务及相关智能型服务，已占到了制造业产品定价的很大一部分。最后，制造业服务化还表现在制造业的经营也日益呈现出服务化趋势，如制造业企业在经营过程中的原材料与中间品的供应与采购、研发、设计、物流、销售等环节上其服务性增加值占比越来越高，相当多的跨国制造商的主营业务和赢利来源均以服务为主。

同时，服务业的全球价值链分工也在一定程度上呈现出制造化的倾向，一方面，其表现在服务业不断向制造业渗透，从当前众多跨国性银行、证券、保险、物流运输、教育培训、研发、咨询等传统性服务业机构的业务趋向来看，其不断在加深与制造业之间的联系，为传统制造业及新兴制造业提供相关资金融通、上市、生产性保障、技能培训、市场调研与开发等相关服务，其在一定程度上，越来越表现出了制造企业的生产性特点。另一方面，服务企业将自身的产业链逐步延伸到了制造业，一些在服务性技术、管理、市场调研与研发、销售渠道等业务上处于优势地位的服务企业，通过贴牌生产、连锁经营、建设—经营—转让等方式嵌入制造端共同为消费者提供服务，还有一些服务企业利用自身在价值链高端上所掌握的核心技术、所控制的核心业务，建立起专门的制造业工厂。

制造业服务化与服务业制造化的并行发展，促使全球价值链分工重构为一条既包括制造业增加值环节，又包括服务业增加值环节的复合型产业链，这与原来单一的产业链相比，更符合当今科学技术之间不断融合的发展趋势，也更符合人类在商品生产与服务上具有共同诉求的主观意愿，因此其在未来的发展中能表现出更明显的产业结构升级效应，为企业带来更广阔的利润增长空间，为消费者带来更便捷与人性化的服务。

（三）服务外包成为全球价值链分工的重要方式

服务外包在价值链分工的全球化背景下，正逐步成为促进服务贸易发展的主要动力。当前在全球服务外包的格局中，美国、西欧、日本已成为传统的服务外包发包市场，而印度、中国、中东欧、爱尔兰、菲律宾等则成为重要的服务外包接包市场，其共同推进了服务外包在全球业务的开展。服务外包已成为价值链全球化的重要方式，其不仅使制造业出现了进一步的细分和升级，更使服务业的分工也得到了进一步的深化，加强了制造业与服务业之间的关联性与协同性，极大地提高了服务业的国际化与市场化，共同推进了各行业生产率的提升。服务外包同时也增加了价值链顶端的研发、设计等部门的利润，规模效应的出现，也使得外包承接商能分享一定的技术外溢效应，促进其长远的发展。

当前，全球服务业的分工网络体系不断发展，服务形态逐步渗透到生产中的每一个环节，整合并协调着全球化生产的方方面面，服务外包因此成为全球价值链的关键节点。其中，离岸服务外包以其便利性，极大地促进了全球化生产的"碎片化"趋势。一些国家的发包与接包企业，通过整合国内外的资本、技术、人才、市场、信息、管理等优势资源，在全球的主要地区设立研发、服务和管理中心，通过提高新技术的研发创新能力、增加前沿业态的新模式与企业固有的服务产品相结合，在不断加强本企业固有优势的前提下，进一步培育出研发和后续服务为特色的新优势。当前诸多国家在以服务外包为产业延续和承载动力的背景下，通过对物联网、云计算、移动互联、大数据、人工智能、区块链等技术的快速研发与应用，不断创新投入与量化产出机制，服务实体性业务的发展，特别是在促进工业物联网应用、云服务、互联网反欺诈、大数据征信、场地与平台智能化设计、供应链金融服务、知识产权管理服务、创意设计服务等高技术与价值含量高业务的发展上，服务外包以其独有的优势，促进了多种新业态的良性发展。

（四）区域性价值链分工不断突出

区域性价值链分工已成为全球价值链分工的重要表现形式，近年来，区域性的合作与分工正不断加深，特别是在以德国为中心的欧盟内部、以美国为中心的北美自由贸易区内部和以中国为中心的东亚经济圈内部。伴随着一些新的生产服务方式，如人工智能、远程服务、需求定制等的出现，劳动力成本已不再是企业生产区位选择的核心要素，取而代之的则是区域科技水平、市场偏好与规模、劳动者科学文化素质、与外部需求者的市场距离等其他因素。特别是伴随着中国政府提出"一带一路"倡议，通过与"一带一路"沿线国家之间开展贸易、投资、工程承包等服务，化解了中国钢铁、煤炭、水泥等产能过剩的窘境，缓解了天然气、石油等能源需求不足的困境；在此区域性价值链分工下，中国与"一带一路"沿线国家相比，在相关制成品领域，已经掌握了相对更高的创新技术，处于价值链的高端位置，在当前中国政府积极推进与"一带一路"沿线国家之间多方位经济贸易合作交流的背景下，中国与该"一带一路"沿线国家区域性价值链分工的发展正日益深入。

二、技术进步的内涵

技术进步通常可分为狭义的技术进步和广义的技术进步，狭义的技术进步主要是指硬技术进步，其通常表现在对所投入的机械设备、工艺、设计、材料、能源、物资耗费等进行改造（改进）或采用新的投入，或者对产出品、劳动力进行提升或改进（李京文，1988；李仁安和罗荣贵，1996）。广义的技术进步，除了硬技术进步之外，还包括软技术进步，其主要是指依托自然科学和社会科学等交叉学科为基础而形成的技术进步，如新的组织和管理方法、体制、政策、决策方法、市场调研与分析方法、激励机制、资源配置模式、分配机制等，其主要作用表现在通过一些组织和管理方法、体制、政策、决策方法、市场调研和分析方法、激励机制、资源配置模式和分配机制上的突破（马庆国等，2005），以利于不同类型法人实体的经营改善和社会的建设更加和谐有序，其具体的表现形式如表 3 - 1 所示的 8 个方面。无论是硬技术进步还是软技术进步，本质上都是为了直接提高生产率或是改进生产管理的方式间接提高生产率的一种促进现有技术不断发展的原动力。

表 3 – 1 硬技术进步与软技术进步的表现形式

序号	硬技术进步形式	软技术进步形式
1	对旧设备进行改造或采用新设备	采用更有效的组织与管理方法
2	对旧工艺进行改进或采用新工艺	推行更先进的经济体制
3	对旧设计进行改进或采用新设计	采用更适宜的方针政策
4	对旧材料进行改进或采用新材料	采用更有效的决策方法
5	对旧能源进行改进或采用新能源	采用更全面的市场调研与分析方法
6	降低生产消耗或提高最终产出品	采用更好的激励机制
7	对旧产品进行改进或生产新产品	采用更先进的资源配置模式
8	提升劳动技能或提高劳动生产率	采用更完善的分配机制

三、全球价值链分工与技术进步的互动关系

（一）全球价值链分工对技术进步的影响

在全球价值链分工的格局下，不同的市场主体依托其自身所具有的特定优势参与其中，通过中间品的专业化生产与外包行为，对于不同国家的技术进步水平会产生不同的影响。对于发达国家而言，其通过转移生产，集中于生产自身具有特定优势的产品，通过自有技术研发的基础，会形成自身专业化水平的加快提升，从而有利于自身在既有优势产品上技术水平的进一步提升，形成一定范围内的技术进步；但是通过转移生产与外包至发展中国家，并不利于自身劣势产品技术的提升，从而在一定程度上，会导致在该类型产品上的技术倒退，就整体而言，全球价值链分工对发达国家的技术进步是起到推动作用的，这与发达国家所具有的研发基础，以及完整的产业链条和稳定的经济发展模式有一定的关系。

全球价值链分工对发展中国家技术进步的影响存在差异化情形。具有完

整工业体系的国家，在参与全球价值链分工中，承接发达国家的中间品外包业务，通过学习和模仿外部生产加工技术，在一定程度上通过提升自身的生产加工能力，进而有利于技术水平的提高，实现整个社会的技术进步，如中国、印度等国，依托自身相对完善的工业体系，大量承接来自发达国家的中间品外包业务，促使社会就业、税收等不断增强，技术进步水平也得以不断提升；但是，若一国本身并不具有完善的工业体系，属于服务业主导型的国家，或资源丰裕型的国家，单纯依靠承接中间品环节中的低端外包业务，欠缺外部技术的引入，以及缺乏内部技术的研发基础，则未必能从全球价值链分工中，获得技术进步的实现。

（二）技术进步对全球价值链分工的影响

技术进步的发展，在一定程度上也会通过提升自身的生产效率，降低产品的单位生产成本，促使其更好地进行专业化生产，进而实现跨国范围的分工与协作，促进全球价值链分工的发展。在市场经济不断发展的背景下，发达国家依靠自身的技术基础，利用海外的生产能力，外包中间产品的非核心环节，专门化生产产品中高附加值的核心环节，进而实现了更高的利润获取；发展中国家也依靠自身的各种技术创新形式的技术进步，承接发达国家的中间品外包业务，实现一定利润的获取。因此，就整体而言，技术进步是实现全球价值链分工的重要基础，若没有技术进步本身，则难以实现产品生产的核心优势，以及全球范围内的产品分工。同时，技术进步本身也会在一定程度上决定全球价值链分工的层次与地位，发达国家依靠自身长期的技术优势，通过增多出口本国内部的增加值和减少出口中所包含的国外增加值，实现了全球价值链分工地位的高端化；同时，部分发展中国家也依靠一定的技术基础，实现了价值链分工参与层次和地位的攀升，避免陷于被锁定于低端附加值的窘境。

第二节
国际分工理论中的工资差距研究

在传统的国际分工理论中，关于工资差距的研究，从古典贸易理论中的比较优势理论，到新古典贸易理论中的 H－O 定理和 S－S 定理，以及新经济地理学中的规模经济理论和中间品贸易下的产品内分工理论和中间品外包理论，均有所涉及。

一、古典贸易理论

在古典的贸易理论中，英国经济学家大卫·李嘉图认为引起国际贸易的原因在于一国的比较优势，其认为比较优势取决于相对劳动生产率的高低，在两国的贸易中，一国通常会出口本国劳动生产率相对高的商品，进口劳动生产率相对低的商品，且其假定劳动力的实际工资等于劳动力的边际产出，因此会形成相对高生产率部门工资水平的上升和相对低生产率部门工资水平的下降。依据比较优势理论，针对不同的国家，国际贸易对内部工资差距的变化会表现出差异化情形，在发达国家，由于其出口的是技术密集型产品，会导致国内高技术劳动力需求的上升和低技术劳动力需求的下降，进而表现出扩大内部工资差距的现象；而在发展中国家，由于其出口的是劳动密集型产品，会导致国内低技术劳动力需求的上升和高技术劳动力需求的下降，进而表现出缩小内部工资差距的现象。

二、新古典贸易理论

新古典贸易理论中的 H－O 理论认为，要素市场和产品市场均是完全竞争的市场，引起国际贸易的原因在于一国的资源要素禀赋的状况，一国通常会生产并出口丰裕要素密集型产品，进口稀缺要素密集型产品，当其他条件不变时，势必形成丰裕要素部门生产利润的上升，以及部门内工人工资水平的上升；稀缺要素部门生产利润的下降，以及部门内工人工资水平的下降，相比原来丰裕要素部门收益的较低和稀缺要素部门收益的较高，会形成两部门之间工人工资差距的缩小。

依托该理论的进一步发展，形成了 S–S 定理，其内容是，当要素市场和产品市场均是完全竞争时，且产品的规模报酬不变，某一商品相对价格的上升，会提高该商品密集使用的生产要素的实际价格或实际报酬，而降低另一种非密集使用的生产要素的实际价格或实际报酬，其通过将产品内部要素划分为不同的类型，发现了要素价格伴随商品价格波动的规律。因此，当劳动密集型产品价格上升时，会形成劳动力价格，即工资水平的上升，若一国为劳动丰裕型国家，低技能劳动力居多，则会形成低技能劳动力工资水平的上升和高技能劳动力工资水平的下降，形成该国内部工资差距的缩小；当资本密集型产品价格上升时，若一国为资本丰裕型国家，高技能劳动力居多，则会形成高技能劳动力工资水平的上升以及低技能劳动力工资水平的下降，形成该国内部工资差距的扩大。发展中国家，一般为劳动丰裕型，因此其出口的劳动密集型产品居多，而发达国家，一般为资本丰裕型，因此其出口的资本密集型产品居多。发展中国家与发达国家的贸易中，贸易品的相对价格直接影响了贸易的利益分配，就"二战"后的贸易事实发现，发达国家出口的资本密集型产品的价格一直与发展中国家出口的劳动密集型产品的价格之间有巨大的剪刀差，因此，所产生的贸易利益分配，更多的是向发达国家倾斜，形成发达国家内部高技能劳动力工资水平的上升，以及工资差距的扩大，而对于发展中国家，也形成了一定程度的低技能劳动力工资水平的下降，以及工资差距的扩大。

萨缪尔森进一步将 S–S 理论延伸到关税保护领域，其认为一国进行关税保护，将提升所保护商品的相对价格，并进一步提升该商品中密集使用的生产要素的价格。如果关税保护的是高技能劳动力产品，则会形成国内高技能劳动力工资水平的上升，并扩大内部技能工资差距；若保护的是低技能劳动力产品，则会形成低技能劳动力工资水平的上升，形成内部技能工资差距的缩小。

三、新经济地理学理论

新经济地理学中的规模经济贸易理论认为，企业的规模经济体现在内部和外部两方面。内部规模经济，一般表现在跨国公司的内部化生产与贸易，外部规模经济，一般表现在行业上的规模化生产与贸易，一般认为产品内的国际分工即是一种外部规模经济，其将产品生产过程中的某一工序，外包给其他企业，将整个生产工序进行生产空间的分散化，以便于实现最优化的生产规模，并实现成本优势。克鲁格曼和维纳布尔斯（Krugman and Venables，1995）通过分析国际贸易运输成本影响贸易收益的模型，发现当运输成本达到一定程度时，会形成行业内部的"中心—外围"式的分工模式，处于中心地位的国家将会因为集聚性的优势进行规模化生产，形成外部规模经济，提升行业收益和工人收入水平，而处于外围地位的国家则会因为规模经济优势的缺失，形成行业收益的下滑，以及工人收入的下降；但是当运输成本降低时，其他外围国家也会重新取得一定的优势，吸引外部订单，缩小地区间的工资差距。马库森和维纳布尔斯（Markusen and Venables，1995，1996）进一步建立产品内分工的模型，认为当跨国公司考虑产品消费的地区分布以及运输成本时，其不断外部化本国中间品的生产所形成的外部规模经济，将会使得国内非技术工人的需求不断降低，最终会使得劳动收入份额的降低，以及国内技术工人和非技术工人工资差距的进一步扩大。

四、中间产品贸易理论

中间产品贸易理论认为，伴随着跨国生产的不断发展，以及中间品贸易规模的不断扩大，对不同国家不同部门的收益会产生差异化的影响，进而影响到部门间工人的工资水平，对同一部门内部不同技能工人的工资水平也会产生差异化影响。一般而言，在发达国家与发展中国家之间，所开展的垂直专业化分工，促使发达国家将低技能环节的中间品生产加工业务转移至发展中国家，形成发达国家内部对低技能劳动力需求的下降，在专业化分工优势的作用下，最终形成发达国家内部低技能环节生产部门收益的下滑，工资水平的下降，以及同一部门内部技能工资差距的扩大；在发达国家之间的水平型分工下，承接高附加值外包业务的发达国家，往往会通过生产高附加值中间品，进而提升部门平均工资水平，并会形成对低技能劳动力需求的下降，造成工资差距的扩大，而发包国则面临高附加值订单的外流，最终不利于本国整体的就业以及平均工资的提升，但会形成一定程度的技能工资差距的缩小化现象。

众多经济学家发现，自 20 世纪 70 年代以来，美国内部技术工人的工资水平持续上升，而非技术工人的工资收入持续下降，形成了工资差距的扩大，一些经济学家试图结合中间品贸易理论视角下产品内分工的事实分析，如芬斯特拉和汉森（Feenstra and Hanson，1995，1996）通过分析发展中国家与发达国家所开展的产品内贸易，发现发达国家通过转移本国中间品环节的生产，将本国订单转移至其他发展中国家，促使本国内部低技能工人的需求下降，进而形成了国内高技能工人与低技能工人之间工资差距的扩大。安瓦尔等（Anwar et al.，2013）通过构建长期均衡下多样性服务品的非贸易及贸易模型，以及短期均衡下多样性服务品的非贸易及贸易模型，发现在一定的阶段和一定的条件下，中间品外包均会扩大发包国家内部技能劳动力与非技能劳动力之间的工资差距。

第三节
全球价值链分工、技术进步对工资差距的影响途径

传统国际分工对工资差距的影响途径，一般从商品价格、技术进步、微观主体行为等视角展开分析（冯晓华，2010），相比传统国际分工，全球价值链分工由于更多地涉及了中间品贸易和外包等专业化分工行为，因此在该价值链分工对工资差距的影响上，明显有别于传统国际分工对工资差距的影响。无论是在传统国际分工还是全球价值链分工下，商品价格对工资差距的影响也有所差异，因为中间品的各个不同环节价值有所差异，导致服务于中间品不同环节的劳动力的工资水平有所差异，其商品价格对工资水平的传导作用相较传统国际分工下最终品的传导作用明显更为复杂。同时，依托于无论是传统国际分工还是全球价值链分工，都会产生一定范围的"干中学"效应（Lucas，1993），通过技术转移或技术模仿，引发一定程度的技术外溢，最终带来生产效率的提高、新产品种类的增加或者质量的提高等技术进步，进而对不同技能群体的工资水平产生差异化影响；相比于传统的国际分工，全球价值链分工的技术外溢借助于价值链分工的多样性和隐秘性，其对工资差距的影响可能相对更复杂。相比传统国际分工的最终品贸易居多，全球价值链分工所涉及的产品从设计、生产到最后的消费阶段都可以在该价值链贸易下进行，商品的实现过程远较传统贸易长，其影响的主体除了企业、消费者、劳动者等微观主体外，更有各国政府及地方政府。因此，本章节从中间品外包、商品价格、技术转移（模仿）和技术创新、政府和市场主体等不同方面分析全球价值链分工、技术进步对工资差距的影响途径；其中全球价值链分工主要是通过中间品外包、商品价格、技术转移和技术模仿，以及政府和市场主体的部分行为来影响工资差距，而技术进步主要是通过技术创新以及政府和市场主体的部分行为来影响工资差距。

一、中间品外包

价值链分工下中间品外包形式的不断增多，发达国家通常将劳动密集型生产环节转移到发展中国家而实现自身的专业化优势，利用自身技术优势的特点，在国内发展资金密集型或技术密集型产品的生产，会形成发达国家内部低技能劳动力需求的下降和高技能劳动力需求的上升，进而造成国内技能工资差距的扩大。依据芬斯特拉和汉森（Feenstra and Hanson，1996）对此种现象的总结，称之为中间产品贸易背景下的斯托尔珀－萨缪尔森效应，又称中间品外包的 S－S 效应。

假定某发达国家利用本国的 3 种要素 L、H 和 K 生产中间品或最终品参与价值链贸易，L 代表只能参与低技术含量劳动的生产组装环节的低技能工人，H 代表能参与高技术含量劳动的研发或售后服务阶段的高技能工人，K 代表资本，利用该 3 种生产要素的组合，可以生产两种中间产品 y_1 和 y_2，如下式所示：

$$y_1 = f_1(L_1,\ H_1,\ K_1);\ y_2 = f_2(L_2,\ H_2,\ K_2)$$

$$\text{s. t.}\quad L_1 + L_2 = L;\ H_1 + H_2 = H;\ K_1 + K_2 = K \tag{3-1}$$

其中，第一种中间产品是密集使用低技能工人生产的，第二种中间产品是密集使用高技能工人生产的，此两种产品可在该发达国家内外进行生产，假定该国将第一种产品（劳动密集型产品）外包给其他发展中国家生产并进口，同时利用自身所具有的技术优势专业化生产并出口第二种中间产品，以 $x_1(<0)$、$x_2(>0)$ 分别表示该国第一种中间产品的进口量和第二种中间产品的出口量，以 p_1、p_2 分别表示第一种和第二种中间产品的价格，则有 $y_1 - x_1$ 即为第一种中间产品的国内投入量，$y_2 - x_2$ 即为第二种中间产品的国内投入量，则最终产品的生产函数如下式所示：

$$y_n = f_n(y_1 - x_1,\ y_2 - x_2)$$

$$\text{s. t.}\quad y_1 = f_1(L_1,\ H_1,\ K_1);\ y_2 = f_2(L_2,\ H_2,\ K_2)$$

$$L_1 + L_2 = L; \quad H_1 + H_2 = H; \quad K_1 + K_2 = K \qquad (3-2)$$

式（3-2）表明，低技能工人、高技能工人、资本等市场均是出清的。进一步假定产品市场是完全竞争的，同时中间品属于可贸易品，而最终品属于非贸易品，因此最大化产出的问题可表示为：

$$G_n(L_n, \ H_n, \ K_n, \ p_n, \ p_1, \ p_2) = \max p_n f_n(y_1 - x_1, \ y_2 - x_2) + p_1 x_1 + p_2 x_2$$

$$s.t. \quad y_1 = f_1(L, \ H_1, \ K_1); \ y_2 = f_2(L_2, \ H_2, \ K_2)$$

$$L_1 + L_2 = L; \ K_1 + K_2 = K; \ H_1 + H_2 = H$$

$$p_1 x_1 + p_2 x_2 = 0 \qquad (3-3)$$

其中，p_n 表示最终产品 y_n 的价格，上式表明在贸易均衡下，依据约束条件实现了产出水平的最大化。若以 w、q、r 分别表示低技能工人、高技能工人和资本的价格，则在完全竞争的假设下，需进一步满足零利润条件，即：

$$p_1 = wL_1 + qH_1 + rK_1 = c_1; \quad p_2 = wL_2 + qH_2 + rK_2 = c_2 \qquad (3-4)$$

式（3-4）中左右两边表示价格等于单位生产成本，即在完全竞争市场下，任何厂商均不能获得超额利润。对式（3-4）继续求全微分得出：

$$dp_1 = L_1 dw + H_1 dq + K_1 dr; \quad dp_2 = L_2 dw + H_2 dq + K_2 dr \qquad (3-5)$$

其中，L_1、H_1、K_1 分别表示生产一单位第一种中间品所需要投入的非技术工人、技术工人和资本的数量，L_2、H_2、K_2 分别表示生产一单位第二种中间品所需要投入的非技术工人、技术工人和资本的数量，继续将式（3-5）动态化，有：

$$\frac{dp_1}{p_1} = \frac{wL_1}{p_1}\frac{dw}{w} + \frac{qH_1}{p_1}\frac{dq}{q} + \frac{rK_1}{p_1}\frac{dr}{r}$$

$$\frac{dp_2}{p_2} = \frac{wL_2}{p_2}\frac{dw}{w} + \frac{qH_2}{p_2}\frac{dq}{q} + \frac{rK_2}{p_2}\frac{dr}{r} \qquad (3-6)$$

其中，$\frac{wL_1}{p_1} = \frac{wL_1}{c_1} = \theta_{1L}$ 为低技能工人成本占第一种中间品总成本中的份额，同理，θ_{1H}、θ_{1K} 分别表示高技能工人成本和资本要素成本占第一种中间品总成本中的份额。

因此，新生产的两种中间品的价格可表示为：

$$p_1' = \theta_{1L}w' + \theta_{1H}q' + \theta_{1K}r'; \quad p_2' = \theta_{2L}w' + \theta_{2H}q' + \theta_{2K}r' \tag{3-7}$$

进一步假定该两种中间产品中，资本要素所占份额相同，即 $\theta_{1K} = \theta_{2K}$，根据 $\theta_{1L} + \theta_{1H} + \theta_{1K} = \theta_{2L} + \theta_{2H} + \theta_{2K} = 1$，所以有 $\theta_{1L} + \theta_{1H} = \theta_{2L} + \theta_{2H}$，进一步有：

$$p_1' - p_2' = (\theta_{1L} - \theta_{2L})w' - (\theta_{1L} - \theta_{2L})q' = (\theta_{1L} - \theta_{2L})(w' - q') \tag{3-8}$$

由于第一种中间产品密集使用了低技能工人，第二种中间产品密集使用了高技能工人，所以有 $\theta_{1L} > \theta_{2L}$，所以第一种中间产品的技术含量较低，形成的价格水平也较第二种中间产品低，在价值链分工下，发达国家减少该中间产品的生产，并大量外包给国外生产，从国外进口时，会导致国内低技能劳动力需求的下降，以及相对工资水平的降低，并扩大与高技能劳动力之间的工资差距。同理，由于发展中国家承担了转移自发达国家的劳动密集型部门中间品的外包生产，相较自身而言，仍然属于技术密集型中间品，所以会形成发展中国家内部高技能劳动力需求的上升，以及工资水平的提高，也会造成不同技能层次劳动力之间工资差距的扩大。

二、商品价格

李嘉图的比较优势理论认为，引起国际分工的原因是劳动力生产率的相对优势，其直接反映在商品上就是价格的相对较低。劳动生产率高的商品，一般价值也低，依据"价格围绕价值上下波动"的马克思主义价格理论，其商品价格也低，进入国际市场，往往能通过其价格优势获得销路。在既有的探讨国际分工影响工资差距的研究中，诸多是从价格视角来分析其影响机制的，如萨克斯等（Sachs et al.，1994）通过对美国 1978～1989 年贸易数据的分析，发现技术密集型产品价格的上升扩大了美国国内不同技术层次工人之间的工资差距。弗霍根（Verhoogen，2008）通过对墨西哥制造业部门工资差距的分析，发现高价格产品本国生产的减少和进口的增加，会刺激本国对高价格产品的生产需求，进而形成高技能工人的需求增加和低技能工人的需求减少，最终会促使国内高技能工人与低技能工人之间工资差距的扩大。

商品价格在全球价值链分工下，影响一国工资差距的理论基础是著名的斯托尔帕－萨缪尔森定理，即 S－S 定理，该定理在 H－O 定理的基础上，进一步将要素价格与商品价格联系起来，由此引申出诸多引理，如劳动密集型商品价格的上升，会导致劳动力价格的上升；若将劳动力进一步细分为高技能劳动力和低技能劳动力，则会形成不同技能劳动力密集型商品价格的变动，以及不同技能层次劳动力价格的变动，即工资差距的变动。但此处的 S－S 定理的作用，与前述中间品外包下的 S－S 效应，存在一定的区别，此处的贸易商品强调的是直接贸易的最终品，而前述强调的是可贸易的中间品，其对工资差距的影响相比最终品存在放大效应。依据价格的产生途径，可将该商品价格分为内生性价格和外生性价格，其对工资差距均存在一定的影响。

（一）内生性价格对工资差距的影响

内生性价格的产生，往往依据投入产品的各种成本，以及市场供求状况等客观因素所决定，一国依据比较优势或规模优势参与全球价值链分工，其所能获取的利润高低，在很大程度上取决于所贸易品的相对价格。在全球价值链贸易下，一国出口的丰裕要素密集型产品价格的上升，会形成丰裕要素所有者收入的上升，稀缺要素所有者的收入下降，进而形成工资差距的缩小。

（二）外生性价格对工资差距的影响

外生性价格的产生，常常受成本以及供求以外的因素决定，如政府调控、汇率波动、贸易壁垒等外生因素，这些因素均会引起商品价格的变化，借由全球价值链贸易的途径，进而在一定程度上造成工资差距的变动。

1. 政府调控

国际贸易的诸多经典理论中，均是假定商品可以自由流动的，但在实际的情形中，一些国家为了限制部分资源、技术的外流，采取调控价格的措施，阻碍商品流动，影响了相关企业的收益，进而造成行业、企业间工资差距的扩大。

2. 汇率变动

由于在全球价值链贸易的结算中，很多是采用外币进行的，因此汇率的波动，不可避免地会影响到企业的收益，进而对工人的工资差距也形成一定的影响。金德尔伯格和特蕾西（Goldberg and Tracy，2008）发现汇率变动通过影响进口投入品和国内劳动力的相对价格进而影响生产成本，最终影响本国进口替代部门的劳动需求和工资水平。

3. 贸易壁垒

考虑到全球价值链贸易下，由于中间品贸易的大量增多，因此就全球范围而言，各种贸易壁垒相较传统贸易时代明显下降，但是一些掌握核心资源和技术的国家，仍然依据自身的实力针对局部国家或地区大设贸易壁垒，通过形形色色的关税和非关税壁垒阻碍国外产品的进入，依据米拉诺维奇和斯奎埃尔（Milanovic and Squire，2005）的研究分析，发现在 1980～2000 年期间，减少关税水平有利于缩小贫穷国家内部的工资差距程度，但并不利于缩小富裕国家内部的工资差距程度。

三、技术转移（模仿）与技术创新

阿西莫格鲁（Acemoglu，1998）指出，国际贸易的发展在一定程度上会通过技术转移（模仿）等技术进步效应的作用，对不同国家劳动力市场的需求结构产生影响，进而形成不同国家之间的工资差距。同时，一国内部的自主性技术创新偏向，也会形成对不同技能劳动力需求的差异化，进而影响工资差距。

（一）技术转移（模仿）与技术创新影响工资差距的理论基础

技术转移（模仿）与技术创新主要从以下几种方式影响工资差距。

首先，全球价值链贸易的开展，中间品环节的加工装配提升了技术含量的要求，中间品在跨国流动的过程中，往往伴随着相关技术的转移和模仿，促使发达国家参与企业减少了低技能劳动力的需求，而发展中国家增加了对高技能劳动力的需求，从而在不同类型国家均扩大了不同技能劳动力之间的工资差距。

其次，作为全球价值链贸易的一种替代，外商直接投资也能在很大程度上带来技术水平的提升，如东道国对其他国家的外资吸引，通过外资的不断进入，发展国内的生产，增加国内的就业岗位，提升劳动力市场的就业水平，更能依赖外资的技术进步效应，提升本土市场的生产技术含量，进而实现东道国内部的技术进步。作为资本输出方的对外投资，特别是进入发达国家市场的对外投资，其往往能通过结合当地研发团队的技术实力，提升前沿技术的研发投入和产出，促成整体的技术进步。这些外资引进或对外直接投资，在促成企业或行业、地区的技术进步之后，通常会带来技术研发人员或高技能人员工资水平的上升，在一定程度上会扩大与非技术研发人员或低技能人员的工资差距。同时，在相关外部性竞争、激励、技术封锁等因素引致的技术进步下，会促使后进国家的企业、行业、地区通过不断钻研前沿技术，掌握核心技术水平，打破国外技术垄断，抢占中高端产品市场，获取更丰厚的利润，缩小与发达国家之间的工资差距。

最后，一国内部的不断发展，通常会使企业面临激烈的竞争，其为了增强产品的竞争力，依靠自身和外部的研发投入进行技术创新，加大对高技术含量产品的生产，会扩大对高技能劳动力的需求和减少对低技能劳动力的需求，最终形成技能工资差距的扩大。

由于全球价值链贸易的开展，一般会带来一定程度的技术进步效应，因此很难将全球价值链分工和技术进步对工资差距的影响完全分离开来，为分析的全面性，需要将全球价值链分工因素本身引致的技术进步（技术转移或技术模仿）和非分工因素引致的技术进步（技术创新）分离开，以分析二者对工资差距的不同影响作用。

（二）技术转移（模仿）对工资差距的影响机理

在参与全球价值链分工后，贸易企业可快速地通过技术转移或模仿，实现技术进步。格罗斯曼和赫尔普曼（Grossman and Helpman，1991a，1991b）通过构建内生性增长模型，分析了国际贸易引起技术转移与模仿的内生性技术进步现象，通过提升高技能劳动力的需求，进而扩大技能工资差距；芬斯特拉（Feenstra，1998）通过分析自由贸易下知识溢出的情形，发现一国知识的积累若依赖于国内外的创新，则贸易规模的增长会趋同于经济规模的增长，促使高技能劳动力就业需求的增加超过低技能劳动力就业需求的增加，进而扩大技能工资差距；迪诺普洛斯和希格斯托（Dinopoulos and Segerstrom，2010）通过分析南北贸易下经济增长模型，发现当北方国家生产高质量的新产品后，将其转移至南方国家模仿生产，会带来南方国家子公司研发活动增加，而北方国家获得技术创新效率的提升，并导致南北方国家内部工资差距的扩大。全球价值链分工的开展，会带来一定程度的内生性技术进步，其通过对不同技能劳动力需求的影响，进而形成一定的工资差距，如阿西莫格鲁和齐利博蒂（Acemoglu and Zilibotti，2001）的经典分析，假定世界经济由一个称为北方的大型先进国家和一个称为南方的小型欠发达国家组成，北方拥有相对较多的熟练劳动力 H^n 和较少的非熟练劳动力 L^n，而南方拥有相对较少的熟练劳动力 H^s 和较多的非熟练劳动力 L^s，所以有 $\dfrac{H^n}{L^n} > \dfrac{H^s}{L^s}$，进一步假定，所有的技术进步皆来自北方，而南方只能通过学习和引进以获得技术，所有国家的代表性消费者的消费偏好都是不变的相对风险厌恶偏好，其具体函数为 $\displaystyle\int_t^\infty \frac{C(\tau)^{1-\sigma}-1}{1-\sigma} \times \exp(-\rho(\tau-t)) \times d\tau$，其中 t 表示时间，τ 表示处于从 t 开始增加的时刻，ρ 表示折现率，C(τ) 表示时刻 τ 的消费量。进一步假定，生产技术在各国之间均是常规的，消费和投资为 Cobb – Douglas 式函数，其相互之间的关系如下式所示：

$$C + I + X \leqslant Y = \exp\left[\int_0^1 \ln y(i)\,di\right] \qquad (3-9)$$

其中，C 表示消费，I 表示机器设备方面的投资，X 表示 R&D 方面的支出，y(i) 表示部门 i 的产出，同时将每一时期消费总量的价格标准化为 1。且每一种中间品均可由非熟练劳动力（l）和熟练劳动力（h）所代表的差异化机器投入的技术来共同生产，同时假定有些机器只限定于非熟练劳动力使用，也有些机器只限于熟练劳动力使用。部门 i 货物的产出，依据式（3 – 10）的规定：

$$y(i) = \left[\int_0^{N_L} k_L(i,\,v)^{1-\beta}dv\right] \times \left[(1-i) \times l(i)\right]^\beta$$

$$+ \left[\int_0^{N_H} k_H(i,\,v)^{1-\beta}dv\right] \times \left[i \times Z \times h(i)\right]^\beta \qquad (3-10)$$

其中，$k_x(i,\,v)$ 表示部门 i 不同技术层次劳动力（x = L 或 H）所使用 ν 类型机器的数量，$1-i$ 和 $i \times Z$ 分别表示非熟练劳动力与熟练劳动力在所拥有的特定技术下的生产率水平，$i \geqslant \dfrac{1}{1+Z}$ 意味着熟练劳动力具有相对更高的生产率，$Z \geqslant 1$ 表示熟练劳动力的相对生产率，N_L、N_H 分别表示非熟练劳动力与熟练劳动力所使用的机器总类型；l(i)、h(i) 分别表示非熟练劳动力与熟练劳动力的数量。最终货物 i［其中 $i \in (0,\,1)$］的生产者是价格的接受者，其利润即为：

$$\pi(i) = p(i)y(i) - w_L l(i) - w_H h(i) - \int_0^{N_L} \chi_L(v)k_L(i,v)dv$$

$$- \int_0^{N_H} \chi_H(v)k_H(i,\,v)dv \qquad (3-11)$$

其中，产品的价格为 p(i)，非熟练劳动力与熟练劳动力的工资分别为 w_L、w_H，非熟练劳动力与熟练劳动力所使用的 v 类型机器的资金投入分

别为 $\chi_L(v)$、$\chi_H(v)$。因此结合式（3 – 11），在利润最大化情况下，可计算出不同技术层次劳动力所需要的 v 类型机器的数量，如下式所示：

$$k_L(i, v) = \left[\frac{(1-\beta) \times p(i) \times ((1-i) \times l(i))^{\beta}}{\chi_L(v)} \right]^{1/\beta}$$

$$k_H(i, v) = \left[\frac{(1-\beta) \times p(i) \times (i \times Z \times h(i))^{\beta}}{\chi_H(v)} \right]^{1/\beta} \qquad (3 – 12)$$

从式（3 – 12）可知，$p(i)$、$l(i)$ 分别与 $k_L(i, v)$ 成正比例，而 $\chi_L(v)$ 与 $k_L(i, v)$ 成反比例；$p(i)$、$h(i)$ 分别与 $k_H(i, v)$ 成正比例，而 $\chi_H(v)$ 与 $k_H(i, v)$ 成反比例，说明不同技术层次的劳动力与机器之间并不存在相互替代的情况，因此需要更多不同技术层次的劳动力和机器来补充不同的生产情形。

假定机器由拥有专利权的垄断者生产，而且机器的折旧速度非常快，若生产机器的边际成本与生产产品的边际成本一致，因此机器的生产者需要设定机器的价格以实现最大化的利润，如下式所示：

$$\max(\chi_Z(v) - \theta) \int_0^1 k_Z(i, v) \mathrm{d}i \qquad (3 – 13)$$

其中下标 Z 分别表示非熟练技术工人 L 或熟练技术工人 H，$\chi_z(v)$ 表示不同技术工人操作条件下所需要机器的资金投入，借助于前述式（3 – 12）中的等需求弹性 β，在利润最大化时的机器投入金额为 $\frac{\chi_z(v) = \theta}{(1-\beta) = \chi}$，同时在对机器的边际成本标准化处理后，假定有 $\theta = \delta^{\beta/(1-\beta)}(1-\beta)^2$，所以针对机器的总投入金额为 $\chi_z(v) = \delta^{\beta/(1-\beta)}(1-\beta)$，其中 δ 表示不同国家资本价格的差异，在北方国家 $\delta = 1$ 表示北方国家内部不存在资本价格差异，而在南方国家 $\delta \geq 1$ 表示南方国家内部存在较大的资本价格差异。结合前述式（3 – 10），构建了式（3 – 14），以表示部门 i 的产出 $y(i)$：

$$y(i) = \delta^{-1} \times p(i)^{(1-\beta)/\beta} \times [N_H \times i \times Z \times h(i) + N_L \times (1-i) \times l(i)]$$

$$(3 – 14)$$

其中 N_H、N_L 分别表示熟练劳动力与非熟练劳动力的劳动生产率，$\dfrac{N_H}{N_L}$ 则表示熟练技术工人与非熟练劳动力的相对劳动生产率，其同时能衡量经济的技术偏向程度。技术进步的发生通常采用提高 N_H 或 N_L 的形式。一般而言，与不同技术层次劳动力互补的机器可看作是 R&D 投入的结果，且在技术进步的过程中，技术变迁的方向是有偏向性的，技术变迁的程度也难以测度。虽然新技术的产生来自最终产出所形成的新投入，但在不间断的创新过程中，通常会伴随着一定数量的专利产生，在 R&D 投入下，假定用于发明各式机器的成本为 μ，在总研发成本支出为 X 的情况下，则会带来 $\dfrac{X}{\mu}$ 数量的新机器的产生；因此，与非熟练劳动力、熟练劳动力相匹配机器的产生数量为 $\dfrac{X_Z}{\mu}$，其中 Z 代表 L 或 H。

在考虑比较优势嵌入的生产函数时，将会使技术工人在生产技术密集型产品上，相比非技术工人，更具有生产率的优势。依据阿西莫格鲁（Acemoglu，1998）的思路，假设存在门槛部门 $J \in [0，1]$，仅有非熟练技术工人生产部门 $i < J$（若 $h(i) = 0$ 时，有 $i < J$）的货物，仅有熟练技术工人生产部门 $i \geqslant J$（若 $l(i) = 0$ 时，有 $i \geqslant J$）的货物，则参照式（3 – 10）和式（3 – 14），可将货物 i 的总产出写为：

$$y(i) = \begin{cases} \delta^{-1} \times p(i)^{(1-\beta)/\beta} \times (1-i) \times N_L \times l(i) \cdots\cdots if \quad 0 \leqslant i < J \\ \delta^{-1} \times p(i)^{(1-\beta)/\beta} \times i \times Z \times N_H \times h(i) \cdots\cdots if \quad J \leqslant i \leqslant 1 \end{cases}$$

$$(3 - 15)$$

因此，非熟练技术工人的边际产出价值为 $\delta^{-1} \times p(i)^{1/\beta} \times (1-i) \times N_L$，熟练技术工人的边际产出价值为 $\delta^{-1} \times p(i)^{1/\beta} \times i \times Z \times N_H$。联系该两个不同技术市场的出清条件，有 $\int_0^J l(i)di = L$ 以及 $\int_J^1 h(i) = H$。由于 $i < J$ 时，所有 i 部门的边际产出价值是一致的，设 $p(i)^{1/\beta} \times (1-i) = p(L)^{1/\beta}$，所以有 $p(i) = p(L) \times (1-i)^{-\beta}$，且 $l(i) = \dfrac{L}{J}$；同理，当 $i \geqslant J$ 时，设 $p(i)^{1/\beta} \times i = p(H)^{1/\beta}$，所以有 $p(i) = p(H) \times i^{-\beta}$，且 $h(i) = \dfrac{H}{(1-J)}$。为分析价格市场和

就业市场的均衡，需要找出门槛部门 i，假设 i = J 为其门槛部门，则有

$\dfrac{p(H)}{p(L)} = \left(\dfrac{J}{1-J}\right)^{\beta}$，假定 i 部门的产出价值 $p(i)y(i)$ 为常数，且 $p(H) =$

$p(1)$、$p(L) = p(0)$ 时分别为高技能部门产品与低技能部门产品价格的临界点，所以有 $p(H)y(1) = p(L)y(0)$。因此，结合上述假设条件和分析可得：

$$J = \left(1 + \left(\frac{N_H}{N_L}\frac{ZH}{L}\right)^{1/2}\right)^{-1} \qquad (3-16)$$

通过式（3-16）发现，当存在高技能偏向$\left(\dfrac{N_H}{N_L} > 1\right)$或更多的熟练劳动

力$\left(\dfrac{H}{L} > 1\right)$供应时 J 会变小，部门雇佣熟练劳动力和使用高技术含量机器的

摩擦成本会下降，同时也会导致技术密集型货物的价格会下降。

由于非熟练技术工人与熟练技术工人所生产的两种物品（劳动密集型物品与资本密集型物品）的价格指数分别为 P_L、P_H，通过前述

$\exp\left(\int_0^1 \ln p(i)di\right) = 1$，其价格指数的形式可转换为：

$$P_L = \exp(-\beta) \times \left(1 + \left(\frac{N_H}{N_L}\frac{ZH}{L}\right)^{1/2}\right)^{\beta};$$

$$P_H = \exp(-\beta) \times \left(1 + \left(\frac{N_H}{N_L}\frac{ZH}{L}\right)^{-1/2}\right)^{\beta} \qquad (3-17)$$

通过式（3-17）发现，当技术具有更高技能偏向$\left(\dfrac{N_H}{N_L}增大\right)$，以及熟练

技术工人相对供应量的大幅上升时$\left(\dfrac{H}{L}上升\right)$，相关技能密集型物品的供应

量增大时，会导致技能密集型货物的价格降低而劳动密集型物品的价格上升。

在竞争性的劳动要素市场上，熟练劳动力与非熟练劳动力的相对工资如下式所示：

$$\frac{w_H}{w_L} = Z \left(\frac{N_H}{N_L} \right)^{1/2} \left(\frac{ZH}{L} \right)^{-1/2} \tag{3-18}$$

由式（3-18）发现，当技术具有更高的技能偏向和熟练劳动力相对稀缺时，会导致技能溢价水平增大；反之，若技术水平较低，不存在明显的技术进步，且熟练劳动力供应相对较多时，则会导致技能溢价水平下降。联系总产出的积分定义式 $Y = \int_0^1 p(i)y(i)di$ 及上述式（3-16）、式（3-17）、式（3-18）的规定，则总产出的形式可表示为如下式所示：

$$Y = \exp(-1) \times \delta^{-1} \times \left[(N_L L)^{1/2} + (N_H ZH)^{1/2} \right]^2 \tag{3-19}$$

在两种劳动力类型之间的常替代弹性下，技术加总的简单表示能有效分析南北方国家之间生产率的差异性。联系到南北方之间技术状态的差异性，在高水平技术的供应上，南方低于北方 $\left(\text{即 } \frac{H^S}{L^S} < \frac{H^N}{L^N} \right)$；南方相比北方，更多地使用了非熟练劳动力和低水平技术（即 $J^S > J^N$），南方技术密集型货物的相对价格更高 $\left(\text{即 } \frac{P_H^S}{P_L^S} > \frac{P_H^N}{P_L^N} \right)$，使得南方熟练劳动力的工资溢价水平比北方更高 $\left(\text{即 } \frac{w_H^S}{w_L^S} > \frac{w_H^N}{w_L^N} \right)$。伴随着全球价值链分工所溢出的技术转移和技术模仿，最终会使得技能溢价高的行业或地区，不断从外部获得新技术，提升低技能劳动力的就业需求和工资水平，进而降低技能溢价水平，缩小工资差距；而技能溢价低的行业或地区，面临着原有技术的转移和被模仿，催生新技术的研发动力，提升高技能劳动力的就业需求和工资水平，进而提升技能溢价水平，扩大工资差距。

（三）技术创新对工资差距的影响机理

依据产生机制，技术创新可分为部门偏向性技术创新、要素偏向性技术创新，其不同创新类型会带来不同的工资差距效应。在部门偏向性技术创新上，高技能部门的技术创新会促使更偏向于高技能部门的社会总产出增加，其生产边界会向外扩展，在促使高技能部门总产出增加所导致收益增加的情况下，会助推高技能部门工人工资的快速上升，远超过低技能部门工人工资的上升，进而促使不同部门之间工资差距的扩大（Leamer，1998）。在低技能部门的技术创新下，社会总产出的增加更倾向于低技能部门，在低技能劳动力及其与之相关要素技术效率的提升下，生产边界依然会向外扩展，但是由于此时低技能部门产出的增加远超高技能部门产出的增加，促使低技能部门的收益在增加的情况下所带来的工人工资的增加，远超过高技能部门工人工资的增加，进而形成不同技能部门之间工资差距的不断缩小（Leamer et al.，1999）。若是在中等技能部门的技术进步下，社会总产出更倾向于中等技能部门，进而使得高低技能部门工人的工资差距不变。其具体的证明过程可采取分部类产品分析法，假设一单位产品的产出价值，可分为高技能部分产品 Y_H 和低技能部分产品 Y_L，因此有 $Y_H + Y_L = Y$，其中设定高、低技能部分产品的价格与高、低技能工人的工资成正比例，特殊化假定高技能部分产品的价格等同于高技能工人的工资水平，低技能部分产品的价格等同于低技能工人的工资水平。因此，进一步有高技能部分产品的价值等同于高技能工人的工资与高技能部分产品生产量 X_H 的乘积，低技能部分产品的价值等同于低技能工人的工资与低技能部分产品生产量 X_L 的乘积，因此有，

$Y_H = \omega_H X_H$，$Y_L = \omega_L X_L$，所以有，$\omega_H X_H + \omega_L X_L = Y$。进一步转换有，$\dfrac{\omega_H}{\omega_L} =$

$\dfrac{\left(\dfrac{Y}{\omega_L} - X_L\right)}{X_H} = \dfrac{Y}{\omega_L \times X_H} - \dfrac{X_L}{X_H}$，两边微分后有，$d\left(\dfrac{\omega_H}{\omega_L}\right) = d\left(\dfrac{Y}{\omega_L \times X_H}\right) - d\left(\dfrac{X_L}{X_H}\right)$。

进一步假定，当出现高技能部门的技术进步时，高技能部分产品的产出量增加，而低技能部分产品的产出量下降，因此有 $\dfrac{d^2\left(\dfrac{X_H}{X_L}\right)}{d\left(\dfrac{X_L}{X_H}\right)^2}$ 为负数，又 $\dfrac{d^2\left(\dfrac{\omega_H}{\omega_L}\right)}{d\left(\dfrac{X_L}{X_H}\right)^2} =$

-1，所以 $\dfrac{d^2\left(\dfrac{\omega_H}{\omega_L}\right)}{d\left(\dfrac{X_H}{X_L}\right)^2}$ 为正数，即说明工资差距的变化与产出的相对变化成正

比，所以在出现高技能部门的技术进步时，随着高技能部门产品生产的增

多，有 $d\left(\dfrac{X_H}{X_L}\right)_2 > d\left(\dfrac{X_H}{X_L}\right)_1$，所以 $-d\left(\dfrac{X_L}{X_H}\right)_2 > -d\left(\dfrac{X_L}{X_H}\right)_1$，因此 $d\left(\dfrac{\omega_H}{\omega_L}\right)_2 >$

$d\left(\dfrac{\omega_H}{\omega_L}\right)_1$，说明工资差距随着高技能部门的技术进步在不断扩大。当出现低

技能部门的技术进步时，低技能部分产出的增加量远大于高技能部分产出的

增加量，当生产可能性边界外移时，低技能部分产品相比高技能部分产品

的规模增加更快，即有 $d\left(\dfrac{X_L}{X_H}\right)_2 > d\left(\dfrac{X_L}{X_H}\right)_1$，所以有 $d\left(\dfrac{X_H}{X_L}\right)_1 > d\left(\dfrac{X_H}{X_L}\right)_2$，所以

$d\left(\dfrac{\omega_H}{\omega_L}\right)_2 < d\left(\dfrac{\omega_H}{\omega_L}\right)_1$，说明工资差距随着低技能部门的技术进步在不断缩小。

在要素偏向型技术创新中，假定存在资本、劳动力等要素，随着偏向资本要素型技术创新的产生，则会出现资本密集型产品价格的普遍上升，致使该产品的生产行业、地区或不同性别从业人员的工资收入上升，而其他生产行业、地区或不同性别从业人员的工资收入则下降；或在同一行业、地区或性别内部资本要素丰裕的从业人员，即存在较高教育资金或技术资金投入的工人群体，其收入水平上升，而劳动要素丰裕的从业人员，即仅有较少教育资金投入或技术资金投入却有丰裕劳动力投入的工人群体，其收入水平则下降；因此，就整体而言，随着偏向资本要素型技术进步的产生，其会扩大与劳动密集型产品的生产行业、地区或不同性别等层面之间工人的工资差距，并扩大同一层面内部不同要素丰裕型从业人员的工资差距。若偏向劳动要素型技术进步的产生，则会导致劳动密集型产品价格的普遍上升，从而该产品的生产行业、地区或不同性别从业人员的工资收入上升，或这些层面内部劳动要素丰裕型从业人员的收入也上升，就整体而言，其会缩小与资本密集型产品的生产行业、地区或不同性别等层面之间工人的工资差距，并缩小同一

层面内部不同要素丰裕型从业人员的工资差距。

关于要素偏向型部门技术进步作用的模型分析，通常采用 CES 函数的形式，假定生产函数为 $Y = f(K, L) = (K^\rho + L^\rho)^{\frac{1}{\rho}}$，其中 Y、K、L 分别表示产量、资本投入和劳动投入（Krugman，2000）。因此，资本的边际产出和劳动的边际产出分别为 $MP_K = K^{\rho-1}(K^\rho + L^\rho)^{\frac{1}{\rho}-1}$ 和 $MP_L = L^{\rho-1}(K^\rho + L^\rho)^{\frac{1}{\rho}-1}$，则资本部门的总产出为 $Y_K = K^\rho(K^\rho + L^\rho)^{\frac{1}{\rho}-1}$，劳动部门的总产出为 $Y_L = L^\rho(K^\rho + L^\rho)^{\frac{1}{\rho}-1}$，进一步假定资本部门产出的价格为 ω_K，劳动部门产出的价格为 ω_L，总产出的价格标准化为 1，则产品的总价值表示为 $\omega_K Y_K + \omega_L Y_L = Y$，故在 $Y_K + Y_L = Y$ 的情况下，一般性假定 ω_K、ω_L 满足条件式 $0 < \omega_L < \omega_K < 1$，因此，进一步有 $\omega_K \times K^\rho(K^\rho + L^\rho)^{\frac{1}{\rho}-1} + \omega_L \times L^\rho(K^\rho + L^\rho)^{\frac{1}{\rho}-1} = (K^\rho + L^\rho)^{\frac{1}{\rho}}$，所以有 $\frac{\omega_K}{\omega_L} = \frac{K^\rho + L^\rho}{\omega_L \times K^\rho} - \frac{L^\rho}{K^\rho}$，微分化后有 $d\left(\frac{\omega_K}{\omega_L}\right) = \left(\frac{1-\omega_L}{\omega_L}\right) \times d\left(\frac{L^\rho}{K^\rho}\right)$，进

一步有 $\dfrac{d\left(\dfrac{\omega_K}{\omega_L}\right)}{d\left(\dfrac{L^\rho}{K^\rho}\right)} = \dfrac{1-\omega_L}{\omega_L}$，由于 $0 < \omega_L < 1$，所以 $\dfrac{1-\omega_L}{\omega_L} > 0$，所以资本密集型产

品的不同生产行业、地区或性别等层面从业人员与劳动密集型产品的不同生产行业、地区或性别从业人员的工资差距，以及同一层面内部生产资本密集型产品与劳动密集型产品从业人员的工资差距均伴随着相对投入量 $\frac{K}{L}$ 的减少

（即 $\frac{L}{K}$ 的增加）而扩大工资差距。当面临劳动偏向型技术进步时，伴随着相对投入量 $\frac{K}{L}$ 的增加（即 $\frac{L}{K}$ 的减少），会引起资本密集型产品与劳动密集型产品的不同生产行业、地区或性别等层面从业人员工资差距的缩小，以及同一维度内部生产资本密集型产品与劳动密集型产品从业人员工资差距的缩小。当面临的是中性技术进步时，则不会引起相对投入量 $\frac{K}{L}$ 的变化，此时资本密集型产品与劳动密集型产品的不同生产行业、地区或性别等层面从业人员的

工资差距不会发生变化，同一层面内部生产资本密集型产品与劳动密集型产品从业人员的工资差距也不会发生变化。

四、政府与市场主体

针对全球价值链分工、技术进步对工资差距的影响机制，还应考虑政府以及市场主体的行为，特别是本国政府、外国政府、企业、消费者以及劳动者的行为，由于其直接或间接参与了市场的生产、交换、消费与分配的过程，因此，应考虑其影响作用。

（一）政府行为

在全球价值链贸易下，政府对于全球价值分工的鼓励或是抵制行为，在很大程度上会影响本地企业的收益，进而对工人工资差距造成一定的影响。同时政府对于自主创新性技术进步的支持行为或漠视行为，对于研发投入的支撑力度，以及对于宏观环境的营造，在很大程度上也会影响技术进步的进程，进而造成工资差距的变化。郭正模和李晓梅（2006）通过分析政府调控与工资差距的关系，认为政府应转变对工资收入分配的管理和调控职能，加强职业教育培训、提高劳动技能的财政转移支付力度；李静和彭飞（2014）认为政府应逐步调整补贴政策的激励导向，依据劳动者的绩效而进行收入调节。

（二）企业行为

企业参与全球价值链分工与否，在价值链贸易中的分工地位，直接决定了企业的贸易利益，进而影响企业之间的工资差距；同时，企业对于价值链高端的追逐，对于研发投入、技术创新等技术进步的支撑力度，直接决定了企业的市场地位，并决定了企业现在和未来的利润，进而对现期和预期的工资差距存在一定的影响。克雷恩等（Klein et al.，2010）通过对德国企业数据的分析，发现出口行为会显著提升高技能工人的工资溢价，扩大不同技能层次工人的工资差距；梅西斯等（Macis et al.，2012）通过对意大利出口企业的分析，发现出口企业的高技能劳动力相比内贸企业的高技能劳动力存在明显的工资溢价；项松林（2013）通过调查中国企业的生产与贸易行为，发现企业参与全球价值链分工会显著提升工资溢价。

（三）消费者行为

一些国际分工理论，从消费者需求的视角分析了国际贸易的产生与发展，如相似需求理论，其认为一国的需求偏好决定了产品的贸易数量、结构和流向；当两国消费者的需求偏好越接近时，贸易范围越大，会通过贸易影响一国内部不同阶层的工资水平，进而产生工资差距，也会通过影响两国之间相同阶层的工资水平，产生跨国工资差距；而当两国的需求偏好相差越大时，则会形成一定的贸易障碍，贸易本身则难以影响一国内部不同阶层的工资差距。达尔金等（Dalgin et al.，2008）通过将消费者的个人偏好引入引力模型，研究发现对奢侈品的进口，会加大国内对高技术密集型产品的生产，形成对高技能劳动力需求的不断增加，进而扩大了国内的工资差距；而对必需品的进口，则会刺激国内对必需品的生产，增加对中低技能劳动力的就业需求，形成国内工资差距的缩小。在全球价值链分工下，消费者需求偏好的变化在一定程度上会影响中间品外包的流向，促使发包国和接包国的产业结构发生改变，进而改变产业收益格局，形成一定程度工资差距的变化。消费者需求偏好的变化，一般由社会生产力的变化而引起，社会生产水平越高，越会形成多样性的消费需求，进而对不同生产与服务行业的收益形成差异化影响，影响其工资差距。同时，越是高收入的消费者，自身也越有可能是高技能劳动者，越有可能成为推动社会进步的动力，也越有可能促进社会的发展和技术进步，影响不同技能层次劳动力的需求结构，进而形成工资差距。

(四) 劳动者行为

在参与全球价值链分工的过程中，作为劳动者的教育学习，特别是与所从事工作相关的技能性学习，往往会给劳动者带来一定程度的正面影响，因为所从事工作的技术性越强，劳动者的技能水平越高，越会在一定程度上形成不同技能层次劳动力之间工资差距的扩大。如赵春明等（2017）通过分析贸易中进口品质量、来源国特征与性别工资的差距，发现女性受教育程度的提升会显著提升女性的工资水平，缩小与男性之间的工资差距；陈怡等（2018）通过分析国际贸易对性别工资差距的影响，发现提升教育水平也可以缩小不同性别之间的工资差距。

第四节
全球价值链分工、技术进步对不同层面工资差距的异质性影响

一、全球价值链分工、技术进步影响行业工资差距的理论模型分析

行业工资的确定，在全球价值链分工和技术进步的共同作用下，应该依据劳动力市场的模式，促使工人的公平偏好与他们所获得的工资和一些参考工资相关，这才是公平的（Akerlof，1982），一般认为，工资是一个工人的公平所得，其是由一个行业固定的外部和固定的内部组成。行业外部组成部分通常与其现有工作之外的工人收入机会相关，对于所有事先相同的代理人来说，这是相同的，并且等于就业和失业工人的平均收入。假定失业救济金为 0，这使得 i 行业公平工资的外部组成部分为 $(1 - u_i)\overline{w_i}$，其中 u_i 是失业

率，$\overline{w_i}$ 是就业工人的平均工资。如单廷和科尔曼（Danthine and Kurmann，2007）所述，行业内部的组成应与"行业做得越好（越糟糕），则给定努力水平下的工人所获得的期望收益就越多（越少）"的观察相符合。艾格和克雷克梅尔（Egger and Kreickemeier，2012）将营业利润总额作为衡量整个行业绩效的指标，而这些营业利润取决于行业内不同企业的出口状况以及技术进步的水平，并以 $\psi_i(v)$ 表示。因此，行业内部组成部分产生了分租机制，引发行业特定的工资支付，假定公平的工资表示为上述两个组成部分的加权几何平均数，可以得到式（3-20）：

$$w_i(v) = [\psi_i(v)]^{\theta_i}[(1-u_i)\overline{w_i}]^{1-\theta_i} \qquad (3-20)$$

其中，$\theta_i \in (0,1)$ 代表 i 行业公平工资的参数。在公平工资理论中，由于技术能力相同或贡献相同的工人，在同一行业中的工资支付是一致的，只有当技术要求较低行业的工人不能成功地喊低高利润行业中的支付工资时，才是不一致的，这种信息不对称的组合，可以防止喊价低的行为（Egger and Kreickemeier，2012）。行业层面的租金共享和加成定价共同影响到行业的工资和收入分配。由于持续的加成定价下行业层面的营业利润 $\psi_i(v)$ 是行业收益 $r_i(v)$ 的 σ_i 部分（通常 $0 < \sigma_i < 1$）。因此，从公平工资的约束来看，可构建式（3-21）式（3-22）：

$$w_i(v) = [r_i(v) \times \sigma_i]^{\theta_i}[(1-u_i)\overline{w_i}]^{1-\theta_i} \qquad (3-21)$$

$$\frac{w_i(v_1)}{w_i(v_2)} = \left[\frac{r_i(v_1)}{r_i(v_2)}\right]^{\theta_i} \qquad (3-22)$$

式（3-21）意味着行业层面的公平工资在固定弹性 θ_i 的作用下，随着行业层面收益的增加而增加。式（3-22）分析的是 i 行业内任意两个不同企业 v_1 和 v_2 的相对工资，若用相对生产率函数 $\frac{\varphi_i(v_1)}{\varphi_i(v_2)}$ 等技术进步指标来表示同一行业内不同企业的相对收益和相对工资，则分别有式（3-23）和式（3-24）：

$$\frac{r_i(v_1)}{r_i(v_2)} = \frac{\psi_i(v_1)}{\psi_i(v_2)} = \left(\frac{\varphi_i(v_1)}{\varphi_i(v_2)}\right)^{\xi_i} \qquad (3-23)$$

$$\frac{w_i(v_1)}{w_i(v_2)} = \left(\frac{\varphi_i(v_1)}{\varphi_i(v_2)}\right)^{\theta_i\xi_i} \tag{3-24}$$

此外，使用具有标准特征的不变替代弹性需求的垄断竞争模型，行业内出口企业的收益是国内销售企业收益的 $\tau^{1-\sigma_i}$ 倍，在控制住一定的经济变量时，可以进一步获得出口企业层面的结果，以反映价值链参与的情况。定义 $r_i^x(v)$ 和 $r_i^n(v)$ 分别为行业 i 内出口企业的收益和国内销售企业的收益，$r_i(v)$ 为行业 i 整体企业的收益（即行业层面的收益），式（3-25）反映出口企业收益相对于国内销售企业收益的水平，式（3-26）反映行业层面收益相对于出口企业收益的水平，即：

$$\frac{r_i^x(v)}{r_i^n(v)} = \frac{\psi_i^x(v)}{\psi_i^n(v)} = (1+R_i)^{-\theta_i\xi_i} \tag{3-25}$$

$$\frac{r_i(v)}{r_i^x(v)} = \frac{r_i^x(v)+r_i^n(v)}{r_i^x(v)} = 1+(1+R_i)^{\theta_i\xi_i} \tag{3-26}$$

其中，$\xi_i = \dfrac{(\sigma_i-1)}{1+\theta_i(\sigma_i-1)}$ 是 i 行业层面收入相对于生产率的弹性，进一步有：

$$R_i \equiv \tau^{1-\sigma_i}\left(\frac{\dfrac{Y_{-i}}{M_{-i}}}{\dfrac{Y_i}{M_i}}\right) \tag{3-27}$$

R_i 为行业 i 的出口市场潜力，它与该行业提供出口收入与其国内销售收入之间的比例 $\tau^{1-\sigma_i}$ 正相关，Y_{-i}、M_{-i} 分别表示除行业 i 以外的其他行业的产出和中间品的进口额。R_i 越大，说明该行业 i 在出口市场相对于国内市场销售的平均利润更大，也即参与全球价值链的程度更高。由于行业之间存在潜在的非对称性，R_i 中分式部分是内生的，通过式（3-25）和式（3-26）表明在行业产能一定的情况下，进入出口市场会降低该行业在国内市场的销售收入，但是会增加行业的出口收入，即是说参与全球价值链分工，一定程度上并不利于企业在国内市场上的产品销售和利润获取，但是会通过价值链的参与，协同整个企业的生产、加工、装配等环节，有利于增加企业乃至行业的出口销售收入。从式（3-23）和式（3-25）中可知，同一行业内出口企业与非出口企业的工资差距可由下式表示：

$$\frac{w_i^x(v)}{w_i^n(v)} = (1 + R_i)^{-\theta_i^2 \xi_i} \tag{3-28}$$

根据式（3-28），可计算出同一行业内部出口企业相比非出口企业的工资溢价为式（3-29）：

$$\Delta w_i^x(v) = \frac{w_i^x(v) - w_i^n(v)}{w_i^n(v)} = (1 + R_i)^{-\theta_i^2 \xi_i} - 1 = (1 + R_i)^{-\theta_i^2 \cdot \frac{(\sigma_i - 1)}{1 + \theta_i(\sigma_i - 1)}} - 1$$

$$\tag{3-29}$$

通过式（3-29）发现行业内出口企业工资溢价的幅度取决于行业出口市场潜力 R_i 所反映出的价值链参与度指标和分工地位指标、公平工资的参数 θ_i 以及行业营业利润对行业营业收益的占比 σ_i，而在全球价值链贸易下，行业出口市场的潜力又取决于行业的出口国内增加值累积形成的出口收入，以及不同行业中间品进口下的国内嵌入程度。

考虑到现实经济环境中，近乎每个行业都涉及出口企业和非出口企业，设定 i 行业中出口企业的比例为 q_i，则非出口企业的比例为 $1 - q_i$，依据简单加权，则可计算出不同行业的工资差距，如式（3-30）所示：

$$\Delta w_{i-j}(v) = w_i(v) - w_j(v) = q_i \times w_i^x(v) + (1 - q_i) \times w_i^n(v)$$

$$- q_j \times w_j^x(v) - (1 - q_j) \times w_j^n(v)$$

$$= \left\{ q_i + (1 - q_i) \times (1 + R_i)^{\theta_i^2 \times \frac{(\sigma_i - 1)}{1 + \theta_i(\sigma_i - 1)}} \right\} \times w_i^x(v)$$

$$- \left\{ q_j + (1 - q_j) \times (1 + R_j)^{\theta_j^2 \times \frac{(\sigma_j - 1)}{1 + \theta_j(\sigma_j - 1)}} \right\} \times w_j^x(v) \tag{3-30}$$

通过式（3-30）表明，参与全球价值链分工的不同行业的工资差距，取决于行业内的出口企业比例 q、出口市场潜力 R 所反映出的价值链参与度和分工地位指标，公平工资的参数 θ 和行业营业利润对行业营业收益的占比 σ，以及出口企业的工资水平（其形成通常受劳动生产率的影响）等所反映出的技术进步指标。

二、全球价值链分工、技术进步影响地区工资差距的理论模型分析

假定在完全竞争条件下，各地区的产出可表示为不同技能劳动力的投入形式，其函数形式为 $Y_{pt} = \left[\theta_{Hpt} H_{pt}^{\rho} + \theta_{Lpt} L_{pt}^{\rho} \right]^{\frac{1}{\rho}}$，其中 Y 表示产出，p、t 分别表示地区和年份，θ 表示不同劳动者所具有的技术水平，H、L 分别表示高、低技能劳动力的数量，ρ 表示替代参数，$\frac{1}{1-\rho}$ 表示高技能劳动力对低技能劳动力的替代弹性，当 $0 < \rho < 1$ 时，有 $\frac{1}{1-\rho} > 1$，此时表明高技能劳动力对低技能劳动力具有较强的替代弹性。对该生产函数分别求关于高技能劳动力和低技能劳动力的边际产出数量，则有式（3-31）和式（3-32）：

$$MP_{Hpt} = \frac{\partial Y_{pt}}{\partial H_{pt}} = \theta_{Hpt} \times H_{pt}^{\rho-1} \left[\theta_{Hpt} H_{pt}^{\rho} + \theta_{Lpt} L_{pt}^{\rho} \right]^{\frac{1}{\rho}-1} \qquad (3-31)$$

$$MP_{Lpt} = \frac{\partial Y_{pt}}{\partial L_{pt}} = \theta_{Lpt} \times L_{pt}^{\rho-1} \left[\theta_{Hpt} H_{pt}^{\rho} + \theta_{Lpt} L_{pt}^{\rho} \right]^{\frac{1}{\rho}-1} \qquad (3-32)$$

同时，假定技术水平 θ，除了受到不同技能劳动力的影响外，还受到来自不同偏向性技术进步指标、地区价值链分工因素的影响，以及不同地区内部干扰性因素的影响，其函数形式分别为式（3-33）和式（3-34）：

$$\theta_{Hpt} = I_{Hpt} \times B_{pt}^{\lambda_H} \times V_{pt}^{\gamma_H} \times \exp(\xi_{pt}) \qquad (3-33)$$

$$\theta_{Lpt} = I_{Lpt} \times B_{pt}^{\lambda_L} \times V_{pt}^{\gamma_L} \times \exp(\xi'_{pt}) \qquad (3-34)$$

其中，I_{Hpt}、I_{Lpt} 分别表示高技能劳动力和低技能劳动力自身所有的个体特征，B_{pt} 表示地区的技术进步程度，V_{pt} 表示地区的价值链分工程度，ξ_{pt} 表示地区内所存在的一些随机干扰因素，λ_H、λ_L 分别为地区技术进步水平 B_{pt} 的影响参数，γ_H、γ_L 分别为地区价值链分工地位 V_{pt} 的影响参数。依据微观经济学中的经典假定，劳动者的工资等于劳动者的边际产出数量与单位产品价格的乘积，假定高技能劳动力和低技能劳动力所生产产品的价格分别为

P_{Hpt}、P_{Lpt}，P_{Hpt} 与 P_{Lpt} 的关系不定，则有关于高、低技能劳动者的工资水平，如式（3－35）和式（3－36）所示：

$$W_{Hpt} = P_{Hpt} \times MP_{Hpt} = P_{Hpt} \times \theta_{Hpt} \times H_{pt}^{\rho-1} \times \left[\theta_{Hpt} H_{pt}^{\rho} + \theta_{Lpt} L_{pt}^{\rho}\right]^{\frac{1}{\rho}-1}$$

$$= P_{Hpt} \times I_{Hpt} \times B_{pt}^{\lambda_H} \times V_{pt}^{\gamma_H} \times \exp(\xi_{pt}) \times H_{pt}^{\rho-1}$$

$$\times \left[I_{Hpt} \times B_{pt}^{\lambda_H} \times V_{pt}^{\gamma_H} \times \exp(\xi_{pt}) H_{pt}^{\rho} + I_{Lpt} \times B_{pt}^{\lambda_L} \times V_{pt}^{\gamma_L} \times \exp(\xi'_{pt}) L_{pt}^{\rho}\right]^{\frac{1}{\rho}-1}$$

$$(3-35)$$

$$W_{Lpt} = P_{Lpt} \times MP_{Lpt} = P_{Lpt} \times \theta_{Lpt} \times L_{pt}^{\rho-1} \times \left[\theta_{Hpt} H_{pt}^{\rho} + \theta_{Lpt} L_{pt}^{\rho}\right]^{\frac{1}{\rho}-1}$$

$$= P_{Lpt} \times I_{Lpt} \times B_{pt}^{\lambda_L} \times V_{pt}^{\gamma_L} \times \exp(\xi'_{pt}) \times L_{pt}^{\rho-1}$$

$$\times \left[I_{Hpt} \times B_{pt}^{\lambda_H} \times V_{pt}^{\gamma_H} \times \exp(\xi_{pt}) H_{pt}^{\rho} + I_{Lpt} \times B_{pt}^{\lambda_L} \times V_{pt}^{\gamma_L} \times \exp(\xi'_{pt}) L_{pt}^{\rho}\right]^{\frac{1}{\rho}-1}$$

$$(3-36)$$

进一步假定不同地区内部所拥有的高技能劳动力和低技能劳动力的比例分别为 γ_{pt} 和 $1-\gamma_{pt}$，依据上述式（3－35）和式（3－36），则有 p 地区的平均工资水平可设定为 $\overline{W}_{pt} = \gamma_{pt} \times W_{Hpt} + (1-\gamma_{pt}) \times W_{Lpt}$，因此以平均工资衡量的地区之间的工资差距所受到的影响因素有不同技能劳动力的占比及其工资水平，而不同技能劳动力的工资水平又受到自身所生产产品的价格、个体特征、所在地区的技术进步、价值链参与度、不同技能劳动力的数量及其他因素的影响。

同时，通过求取 $\dfrac{W_{Hpt}}{W_{Lpt}}$ 的数值以衡量地区内部的工资差距，可发现同一地区内部的工资差距，所受到的影响因素有不同技能劳动力所生产产品的相对价格、个体特征、所在地区技术进步、价值链参与度，以及不同技能劳动力的相对数量以及其他因素的影响。

三、全球价值链分工、技术进步影响性别工资差距的理论模型分析

性别因素作为个体层面的衡量指标之一，正日益成为经济学研究中关注

的对象，特别是性别工资的差距，作为表征不同性别劳动力生产效率差异的重要结果，其形成原因正不断被诸多学者所研究。结合全球价值链分工、技术进步的视角来分析其对性别工资差距的异质性影响，应充分考虑性别因素的作用，价值链分工或技术进步本身，对不同的性别个体起作用，进而才会对其实际工资水平和性别工资差距起作用。

借鉴梅农和罗杰斯（Menon and Rodgers，2009）的研究思路，假定在一国内部的产品市场中，生产产品 A 的企业有 n 家，其总产出为 y_1，同时假定企业 i 的产量为 y_{1i}，且其他 $n-1$ 家企业的产量相同，均为 y_{1n}。假定，产品 A 市场的反需求曲线函数为：

$$p_1 = \beta_0 - \beta_1 y_1 \qquad (3-37)$$

其中 p_1 为产品 A 的价格，同时有 $\beta_0 > 0$ 及 $\beta_1 > 0$。依据刘斌和李磊（2012）的假定，当存在价值链分工下中间品贸易 I 和技术进步 T 的冲击时，市场竞争的格局将会发生变化，此时的反需求曲线变化为：

$$p_1 = \beta_0 - \beta_1 (y_{1i} + (n-1) y_{1n} + I + T) \qquad (3-38)$$

假定企业的生产成本中有且仅有劳动力成本，因此企业 i 的利润方程为：

$$\pi_{1i} = p_1 y_{1i} - w_0 L_{1i} \qquad (3-39)$$

其中，L_{1i} 表示企业 i 所雇佣劳动力的数量，w_0 代表市场的均衡工资水平。一般而言，当劳动生产率不变时，产品产量的增加，也意味着劳动力数量成比例的增加，即有 $y_{1i} = \alpha L_{1i}$（Borjas and Ramey，1995），为分析的简便，依据梅农和罗杰斯（Menon and Rodgers，2007）的假定，令 $\alpha = 1$，由于企业 i 以利润最大化为经营目标，因此将式（3-38）和 $L_{1i} = y_{1i}$ 代入式（3-39）中，对式（3-39）求关于 y_{1i} 的偏导数，以实现利润最大化条件，得出下式：

$$\frac{\partial \pi_{1i}}{\partial y_{1i}} = \beta_0 - w_0 - \beta_1 (n-1) y_{1n} - \beta_1 I - \beta_1 T - 2\beta_1 y_{1i} = 0 \qquad (3-40)$$

为进一步简化分析，假定不同企业间实现了多企业的古诺均衡，在该均衡条件下，每个企业所生产产品 A 的产量相同，即有 $y_{1i} = y_{1n}$，依据利润最大化条件，此时企业 i 的最优化产量为：

$$y_{1i} = \frac{\beta_0 - w_0 - \beta_1 I - \beta_1 T}{\beta_1 (n+1)} \tag{3-41}$$

将式（3-41）与式（3-38）及式（3-39）联立，并使 $L_{1i} = y_{1i}$，可得新的最大化利润为：

$$\pi_{1i}^* = \frac{(\beta_0 - w_0 - \beta_1 I - \beta_1 T)^2}{\beta_1 (n+1)^2} \tag{3-42}$$

一般而言，工人和企业之间存在一定的工资博弈，工人的实际工资 w_1^* 会围绕均衡工资 w_0 波动，因此构建式（3-43），以反映实际工资波动情况与利润的关系：

$$(w_1^* - w_0) L_{1i} = \lambda \pi_{1i}^* \tag{3-43}$$

其中 λ 为工资波动的调整参数，且 λ 的数值符号待定，结合式（3-41）、式（3-42）、式（3-43）及 $L_{1i} = y_{1i}$，得出式（3-44）：

$$w_1^* = w_0 + \lambda \cdot \frac{\beta_0 - w_0 - \beta_1 I - \beta_1 T}{n+1} \tag{3-44}$$

一般而言，不同性别的劳动力是可以相互替代的，但是由于不同的性别特征差异产生的劳动生产率的差异，促使男性的劳动生产率一般高于女性，进而形成男性相比女性获得更高的工资（Becker，1971）。进一步，不同性别实际工资的转换方程可以表示为：

$$w_1^{m*} = w_1^{f*} (1+d) \tag{3-45}$$

其中 w_1^{m*}、w_1^{f*} 分别为男性和女性的实际工资水平，d 为性别差异参数，且 $d > 0$。假定在影响性别差异的因素中，有不同性别个体的因素，中间品贸易的因素和技术进步的因素，以及其他因素，进一步构建性别差异方程，有式（3-46）：

$$d = \alpha_0 + \alpha_1 I + \alpha_2 T + \varepsilon \tag{3-46}$$

其中 α_0 表示不同性别个体的因素，I、T 分别表示中间品贸易和技术进步的因素，ε 表示其他非个体因素的影响。

假定在该部门产品的生产中，男性劳动力所占比例为 s，则女性劳动力

所占比例为 $1-s$，则实际工资又可表示为：

$$w_1^* = sw_1^{m*} + (1-s)w_1^{f*} \qquad (3-47)$$

结合上述式（3-45）、式（3-46）及式（3-47），可进一步求出男性的实际工资 w_1^{m*} 以及女性的实际工资 w_1^{f*}，如式（3-48）和式（3-49）所示：

$$w_1^{m*} = \frac{1+d}{1+ds}\left(w_0 + \lambda \times \frac{\beta_0 - w_0 - \beta_1 I - \beta_1 T}{n+1}\right) \qquad (3-48)$$

$$w_1^{f*} = \frac{1}{1+ds}\left(w_0 + \lambda \times \frac{\beta_0 - w_0 - \beta_1 I - \beta_1 T}{n+1}\right) \qquad (3-49)$$

由上述不同性别的实际工资 w_1^{m*}、w_1^{f*} 可知，影响不同性别实际工资水平的因素包括性别差异参数 d，男性劳动力占比 s，平均工资水平 w_0、工资波动的调整参数 λ、中间品贸易冲击 I 和技术进步冲击 T，以及其他一些因素。

若进一步求解不同性别之间的工资差距 ϕ，则结合式（3-48）、式（3-49）有：

$$\phi = \frac{w_1^{m*} - w_1^{f*}}{w_1^{m*}} = \frac{d}{1+d} \qquad (3-50)$$

联系前述式（3-46）中性别差距方程中的定义，得出式（3-51）：

$$\frac{d\phi}{dI} = \frac{\alpha_1}{(1+\alpha_0 + \alpha_1 I + \alpha_2 T + \varepsilon)^2}; \quad \frac{d\phi}{dT} = \frac{\alpha_2}{(1+\alpha_0 + \alpha_1 I + \alpha_2 T + \varepsilon)^2}$$

$$(3-51)$$

通过式（3-51）可知，中间品贸易和技术进步对性别工资差距的影响，分别取决于前述系数 α_1 以及 α_2，由于中间品贸易下出口国内间接增加值和出口国外增加值所带来的影响，差异较大，就整体而言，提升价值链分工地位，扩大国内不同层次劳动力的就业，是有助于缩小性别工资差距的；而技术进步的影响，由于其本身存在的经济增长效应，可提升低技能层次女性的就业，进而缩小性别工资差距，但也有可能因为其存在的就业挤出效应，造成结构性失业的现象，挤出低技能层次女性的就业，进而造成部分行业或地区内部性别工资差距的扩大，至于总体上何种效应更大，最终会否扩大或缩小性别工资差距，则较难以判断。

第四章　全球价值链分工、技术进步与工资差距的现状及其测度

本章在结合当前全球价值链发展的基础上，进一步测度世界及中国全球价值链贸易的发展程度，并对全球价值链分工中的诸多指标予以测度；在结合当前技术进步发展的基础上，介绍技术进步指标中不同的测度方法，并对其进行测度；在结合当前工资差距的基础上，介绍工资差距测度的不同方法，并进行一定范围的工资差距的测度，本章的作用主要是为后续各不同层面工资差距的实证分析做铺垫。

第一节

全球价值链分工的现状及其测度

21 世纪以来，全球贸易不断发展，2000 年的货物贸易额为 6.46 万亿美元，服务贸易额为 1.52 万亿美元；而到了 2016 年，货物贸易额和服务贸易额分别为 15.99 万亿美元、4.81 万亿美元。经过十几年来国际贸易的不断发展，就增量来看，货物贸易额明显多于服务贸易额，而就增速来看，服务贸易额明显快于货物贸易额。世界贸易的发展，并非一帆风顺，在 2008 年遭遇次贷危机后，2009 年全球的贸易额出现了急速下降，而 2010 ~ 2014 年

又不断上升，但在 2015 年和 2016 年全球的贸易额又有所下滑。具体如图 4 - 1 所示。

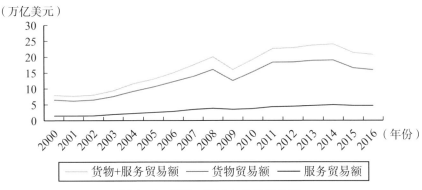

图 4 - 1 2000 ~ 2016 年世界贸易额

资料来源：WTO 统计数据。

在全球贸易不断发展的背景下，全球价值链贸易额近年来也取得了突飞猛进的发展，根据 WIOD 数据库，发现在 2000 年世界各国货物和服务的出口国内增加值总额为 5. 536 万亿美元，而在 2014 年已经达到了 15. 372 万亿美元，其中货物出口的国内增加值为 7. 957 万亿美元，服务出口的国内增加值为 7. 415 万亿美元。中国在 2000 年货物和服务出口的国内增加值为 0. 218 万亿美元，而在 2014 年达到了 2. 017 万亿美元，其中货物出口的国内增加值为 1. 225 万亿美元，服务出口的国内增加值为 0. 792 万亿美元。具体如图 4 - 2 所示。

在全球价值链的不断发展中，就出口国内增加值的总量而言，自 2000 年以来，一直处于上升通道中，在 2008 年遭遇次贷危机后，于 2009 年出现了急速下滑，但在 2010 年后又快速上升。就增长速度而言，全球服务出口国内增加值的增长速度，明显快于货物出口国内增加值的增长速度。中国在货物产品和服务产品出口国内增加值的增长方向上，与全球基本保持一致，但在增长速度上，无论是货物产品还是服务产品，中国明显快于全球。

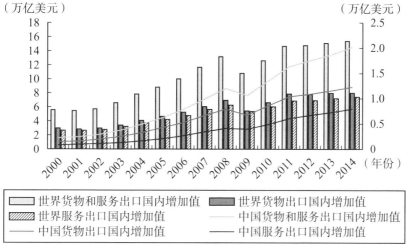

图 4 – 2　2000 ~ 2014 年世界/中国货物和服务产品出口国内增加值

注：世界货物和（或）服务出口国内增加值用柱状图表示，对应图中左侧的主坐标；中国货物和（或）服务出口国内增加值用折线图表示，对应图中右侧的次坐标。

资料来源：WIOD 数据库，经个人计算整理。

在全球价值链的具体测度方法上，常见的是依据投入产出表先测算出不同的增加值。在引入简化的投入产出表后，构建了两国的投入产出模型，具体如表 4 – 1 所示。

表 4 – 1　　　　　　　　两国模式的里昂惕夫投入产出

投入		中间产品使用			最终产品使用			总产出
		M 国	N 国	P 国	M 国	N 国	P 国	
中间投入	M 国	I^{MM}	I^{MN}	I^{MP}	Y^{MM}	Y^{MN}	Y^{MP}	X^{M}
	N 国	I^{NM}	I^{NN}	I^{NP}	Y^{NM}	Y^{NN}	Y^{NP}	X^{N}
	P 国	I^{PM}	I^{PN}	I^{PP}	Y^{PM}	Y^{PN}	Y^{PP}	X^{P}
增加值		VA^{M}	VA^{N}	VA^{P}	—	—	—	—
总投入		X^{M}	X^{N}	X^{P}	—	—	—	—

其中 M、N、P 分别表示 M 国、N 国、P 国，I^{MM}、I^{MN}、I^{MP} 分别表示 M 国产

品被本国、N 国、P 国用作中间产品投入使用的部分，Y^{MM}、Y^{MN}、Y^{MP} 分别表示 M 国产品被本国、N 国、P 国用作生产最终产品使用的部分。VA^{M}、X^{M} 分别表示 M 国的增加值和产出，由于在投入产出表中，假定总产出与总投入是相等的，因此总投入也是 X^{M}。从横向的中间投入—总产出的方向看，有式 (4-1)：

$$\begin{bmatrix} I^{MM}+I^{MN}+I^{MP} \\ I^{NM}+I^{NN}+I^{NP} \\ I^{PM}+I^{PN}+I^{PP} \end{bmatrix} + \begin{bmatrix} Y^{MM}+Y^{MN}+Y^{MP} \\ Y^{NM}+Y^{NN}+Y^{NP} \\ Y^{PM}+Y^{PN}+Y^{PP} \end{bmatrix} = \begin{bmatrix} X^{M} \\ X^{N} \\ X^{P} \end{bmatrix} \qquad (4-1)$$

设中间投入产品针对总产出的使用系数为 $\begin{bmatrix} A^{MM} & A^{MN} & A^{MP} \\ A^{NM} & A^{NN} & A^{NP} \\ A^{PM} & A^{PN} & A^{PP} \end{bmatrix}$，则可将

式 (4-1) 转化为式 (4-2)：

$$\begin{bmatrix} A^{MM} & A^{MN} & A^{MP} \\ A^{NM} & A^{NN} & A^{NP} \\ A^{PM} & A^{PN} & A^{PP} \end{bmatrix}\begin{bmatrix} X^{M} \\ X^{N} \\ X^{P} \end{bmatrix} + \begin{bmatrix} Y^{MM}+Y^{MN}+Y^{MP} \\ Y^{NM}+Y^{NN}+Y^{NP} \\ Y^{PM}+Y^{PN}+Y^{PP} \end{bmatrix} = \begin{bmatrix} X^{M} \\ X^{N} \\ X^{P} \end{bmatrix} \qquad (4-2)$$

假定 M 国的产出分为用于国内中间品投入和最终品消费的产出以及出口至国外的产出，而无论是国内还是出口至国外的产出，都可以分解为中间品和最终需求品，因此有 $X^{M} = A^{MM}X^{M} + Y^{MM} + A^{MN}X^{N} + Y^{MN} + A^{MP}X^{P} + Y^{MP}$，其中 $A^{MM}X^{M} + Y^{MM}$ 表示用于 M 国本国的中间品投入和最终品的消费，$A^{MN}X^{N} + Y^{MN} + A^{MP}X^{P} + Y^{MP}$ 表示用于出口至其他国家的中间品和最终品。对式 (4-2) 进行移项并简单整理后，有式 (4-3)：

$$\begin{bmatrix} X^{M} \\ X^{N} \\ X^{P} \end{bmatrix} = \begin{bmatrix} I-A^{MM} & -A^{MN} & -A^{MP} \\ -A^{NM} & I-A^{NN} & -A^{NP} \\ -A^{PM} & -A^{PN} & I-A^{PP} \end{bmatrix}^{-1}\begin{bmatrix} Y^{MM}+Y^{MN}+Y^{MP} \\ Y^{NM}+Y^{NN}+Y^{NP} \\ Y^{PM}+Y^{PN}+Y^{PP} \end{bmatrix}$$

$$= \begin{bmatrix} B^{MM} & B^{MN} & B^{MP} \\ B^{NM} & B^{NN} & B^{NP} \\ B^{PM} & B^{PN} & B^{PP} \end{bmatrix}\begin{bmatrix} Y^{MM}+Y^{MN}+Y^{MP} \\ Y^{NM}+Y^{NN}+Y^{NP} \\ Y^{PM}+Y^{PN}+Y^{PP} \end{bmatrix} \qquad (4-3)$$

式（4-3）通过构造 Leontif 逆矩阵 $\begin{bmatrix} I-A^{MM} & -A^{MN} & -A^{MP} \\ -A^{NM} & I-A^{NN} & -A^{NP} \\ -A^{PM} & -A^{PN} & I-A^{PP} \end{bmatrix}^{-1} = \begin{bmatrix} B^{MM} & B^{MN} & B^{MP} \\ B^{NM} & B^{NN} & B^{NP} \\ B^{PM} & B^{PN} & B^{PP} \end{bmatrix}$，

直接将表 4-1 中水平方向最终使用品和总产出之间联系起来。由于增加值是在中间投入的基础上产生的，因此增加值系数是单位矩阵减掉中间投入的系数，有 $V^{M} = u[I-A^{MM}-A^{MN}-A^{MP}]$，$V^{N} = u[I-A^{NM}-A^{NN}-A^{NP}]$，$V^{P} = u[I-A^{PM}-A^{PN}-A^{PP}]$，其中 u 为元素均为 1 的 $1 \times N$ 阶矩阵，因此整个增加值的系数矩阵 $V = \begin{bmatrix} V^{M} & 0 & 0 \\ 0 & V^{N} & 0 \\ 0 & 0 & V^{P} \end{bmatrix}$，与前述 Leontif 逆矩阵相乘，如下所示：

$$VB = \begin{bmatrix} V^{M} & 0 & 0 \\ 0 & V^{N} & 0 \\ 0 & 0 & V^{P} \end{bmatrix}\begin{bmatrix} B^{MM} & B^{MN} & B^{MP} \\ B^{NM} & B^{NN} & B^{NP} \\ B^{PM} & B^{PN} & B^{PP} \end{bmatrix} = \begin{bmatrix} V^{M}B^{MM} & V^{M}B^{MN} & V^{M}B^{MP} \\ V^{N}B^{NM} & V^{N}B^{NN} & V^{N}B^{NP} \\ V^{P}B^{PM} & V^{P}B^{PN} & V^{P}B^{PP} \end{bmatrix}$$

$$(4-4)$$

由式（4-4）可知 VB 为 3x3N 矩阵，且由前述已知条件，M 国的总出口为 $E^{M} = A^{MN}X^{N} + Y^{MN} + A^{MP}X^{P} + Y^{MP}$，进一步构出整个出口矩阵 $E = \begin{bmatrix} E^{M} & 0 & 0 \\ 0 & E^{N} & 0 \\ 0 & 0 & E^{P} \end{bmatrix}$，所以，有 $VBE = \begin{bmatrix} V^{M}B^{MM}E^{M} & V^{M}B^{MN}E^{N} & V^{M}B^{MP}E^{P} \\ V^{N}B^{NM}E^{M} & V^{N}B^{NN}E^{N} & V^{N}B^{NP}E^{P} \\ V^{P}B^{PM}E^{M} & V^{P}B^{PN}E^{N} & V^{P}B^{PP}E^{P} \end{bmatrix}$ 即为出口增加值矩阵，该矩阵中对角元素表示某一国出口的国内增加值 DV，而非对角元素则表示该国出口的国外增加值 FV，M 国出口的国外增加值 $FV^{M} = V^{N}B^{NM}E^{M} + V^{P}B^{PM}E^{M}$。由于在实际中，出口的中间品有可能在进口国使用，也有可能被进口国出口至第三国使用，还有可能自进口国出口返还至原出口国使用，因此，可将 M 国对 N 国的出口分解为下式：

$$E^{MN} = Y^{MN} + A^{MN}X^{N} = Y^{MN} + A^{MN}X^{NN} + A^{MN}X^{NP} + A^{MN}X^{NM} \quad (4-5)$$

依照上述对 $A^{MN}X^{N}$ 的分解，故在此三国模型下，M 国的总出口价值

EV^M 可分解如下所示：

$$EV^M = DV^M + FV^M = \underbrace{V^M B^{MM} (Y^{MN} + Y^{MP})}_{(1)直接被进口国吸收的国内增加值}$$

$$+ \underbrace{V^M B^{MM} (A^{MN} X^{NN} + A^{MP} X^{PP})}_{(2)被进口国用于生产最终需求的国内增加值}$$

$$+ \underbrace{V^M B^{MM} (A^{MN} X^{NP} + A^{MP} X^{PN})}_{(3)被进口国出口至第三国的国内增加值}$$

$$+ \underbrace{V^M B^{MM} (A^{MN} X^{NM} + A^{MP} X^{PM})}_{(4)被进口国出口至本国的国内增加值} + \underbrace{FV^M}_{(5)出口国外增加值} \qquad (4-6)$$

其中第（1）部分表示 M 国出口的最终产出形式被进口国直接吸收的国内增加值，第（2）部分表示 M 国出口的中间投入形式被进口国直接用于生产最终需求的国内增加值，第（3）部分表示 M 国出口的中间投入形式被进口国用于生产最终需求并出口至第三国的国内增加值，此即 M 国出口的间接增加值，第（4）部分表示 M 国出口的中间投入形式被进口国用于生产最终需求并返回至 M 国的国内增加值，第（5）部分表示出口的国外增加值。

随着全球价值链的不断发展，产生了一些衡量全球价值链分工的指标，如价值链参与度（GVC Participation）、价值链分工地位（GVC Position）、价值链长度指数（GVC Length Index）、垂直分工专业化指标（包括后向垂直专业化水平 VS、前向垂直专业化水平 VS1、垂直专业化水平 VSS、显示性比较优势 RCA、出口国内增加值创造指数 VAX 等）。

价值链参与度（GVC Participation），衡量的是一国参与全球价值链分工的程度，主要从出口的中间品被进口国再出口的程度和出口国外增加值的程度这两个不同的方面来衡量，依据考普曼等（Koopman et al.，2010）构造的计算公式 $GVC\_pat_{it} = \dfrac{IV_{it}}{E_{it}} + \dfrac{FV_{it}}{E_{it}}$ 来具体测算价值链参与度，其中 IV_{it} 表示 i 国 t 行业出口的间接增加值，即进口国在进口了 i 国 t 行业的中间品后又出口至第三国的增加值，E_{it} 表示出口额，$\dfrac{IV_{it}}{E_{it}}$ 表示 i 国 t 行业的前向参与度，

FV_{it} 表示 i 国 t 行业出口的国外增加值，$\dfrac{FV_{it}}{E_{it}}$ 表示 i 国 t 行业的后向参与度，

当前向参与度 $\left(\dfrac{IV_{it}}{E_{it}}\right)$ 和后向参与度 $\left(\dfrac{FV_{it}}{E_{it}}\right)$ 相加之和比较大时，表明该国的价值链参与度比较高；反之，则表明比较低。

价值链分工地位（GVC Position），衡量的是一国参与国际分工的地位，其通常需要比较的是一国出口到第三国的本国增加值（即出口的国内间接增加值）和出口中所包含的国外增加值，若一国处于价值链分工地位的上游环节，则其出口到第三国的本国增加值会大于出口中所蕴含的国外增加值；若一国处于价值链分工地位的下游环节，则出口中所蕴含的国外增加值会大于出口到第三国的本国增加值。通常价值链分工地位 GVC_pos_{it} 的测算依据库普曼等（Koopman et al.，2010）所构造的公式 $GVC\_pos_{it} = \ln\left(1 + \dfrac{IV_{it}}{E_{it}}\right) - \ln\left(1 + \dfrac{FV_{it}}{E_{it}}\right)$，其中 IV_{it}、FV_{it} 分别表示 i 国 t 行业出口的间接增加值、i 国 t 行业出口的国外增加值，E_{it} 则表示出口额。GVC_pos_{it} 指标越大，则表示一国在全球价值链上的分工地位越高；GVC_pos_{it} 指标越小，则表示一国在全球价值链上的分工地位越低。

全球价值链长度指数（GVC Length Index）衡量的是产品投入与最终需求之间的距离，即全球分工的深入与否，依据马风涛（2015）的推导，其具体计算公式为 $N_{ij} = u'(I - A_{ij})^{-1}$，其中 N_{ij} 表示 i 国 j 部门全球价值链长度的列向量，u' 表示单位行向量，I 表示多阶单位矩阵，A_{ij} 为 i 国 j 部门的投入产出系数矩阵，$(I - A_{ij})^{-1}$ 为 i 国 j 部门投入产出系数的 Leontif 逆矩阵。

针对垂直分工专业化指标的测算，后向垂直专业化水平 VS 衡量的是一国出口中包含的国外成分，通常用出口中的国外增加值表示；前向垂直专业化水平 VS1 衡量的是一国间接出口至第三国的国内增加值，通常包括被进口国出口至第三国的部分和被进口国出口至本国的部分，即式（4-6）中的第（3）、第（4）部分之和；垂直专业化水平 VSS 衡量的是一国出口中的国外价值的创造能力，不仅包括本国出口中的外国增加值，还包括来自国内

外账户中重复计算的中间品贸易部分，采用王直等（2015）中的计算思路，垂直专业化水平 $VSS_{it} = \dfrac{VS'_{it}}{E_{it}}$，其中 VS'_{it} 表示 i 国 t 行业的后向垂直专业化水平与中间品贸易重复计算部分之和，其计算依据公式 $VS'_{it} =$ 出口国外增加值 FVA_{it} + 中间品贸易的纯重复计算部分 PDC_{it}，借鉴赫梅尔斯等（Hummels et al.，2011）的方法 $VS'_{it} = uA^M_{it} \cdot [I - A^D_{it}]^{-1} \cdot E_{it}$，其中 u 为单位向量，其作用是将矢量转化为标量，以便于计算；A^M_{it} 表示 i 国 t 行业的进口投入—产出系数矩阵，A^D_{it} 表示 i 国 t 行业的国内投入—产出系数矩阵，$[I - A^D_{it}]^{-1}$ 为经典的 Leontif 式逆矩阵，表示整体上的国内投入与产出的关系，E_{it} 则表示 i 国 t 行业的出口额，根据该方法即可计算出垂直专业化水平。

RCA 指数即显示性比较优势，其测算公式为 $RCA_{it} = \dfrac{\dfrac{DV_{it}}{\sum_{t=1} DV_{it}}}{\dfrac{\sum_{i=1} DV_{it}}{\sum_{t=1} \sum_{i=1} DV_{it}}}$，通常可衡量 i 国 t 行业参与价值链分工后，贸易增加值的相对水平，其中 DV_{it} 表示 i 国 t 行业的出口国内增加值，$\sum_{t=1} DV_{it}$ 表示 i 国所有行业的出口国内增加值，$\sum_{i=1} DV_{it}$ 表示全球 t 行业的出口国内增加值，$\sum_{t=1} \sum_{i=1} DV_{it}$ 表示全球所有行业的出口国内增加值，即全球贸易的总增加值。

VAX 指数，由约翰逊和诺格拉（Johnson and Noguera，2012）提出，通常称为出口国内增加值创造指数，其具体计算公式为 $VAX_{it} = \dfrac{DAV_{it}}{EX_{it}}$，其中 DAV_{it} 表示为 i 国 t 行业的出口国内增加值，EX_{it} 表示 i 国 t 行业的出口值，其能在一定程度上衡量行业的出口竞争力，因此进一步将该计算公式变形为 $\sum_{t=1} VAX_{it} = \dfrac{\sum_{t=1} DAV_{it}}{\sum_{t=1} EX_{it}}$，即有 $VAX_i = \dfrac{DAV_i}{EX_i} = 1 - \dfrac{FAV_i}{EX_i}$，则可从整体上衡量一个国家的出口竞争力。

为此，绘制了中国、美国、日本、德国等国的价值链参与度 GVC_
pat、价值链分工地位 GVC_pos、垂直专业化水平 VSS 的图示，如图 4 - 3
和图 4 - 4 所示。

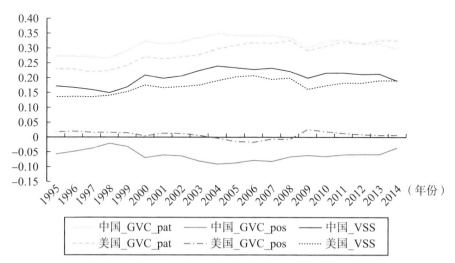

图 4 - 3　1995 ~ 2014 年中国与美国的 GVC_ pat、GVC_ pos、VSS 变化

资料来源：2016 年 WIOD 数据库。

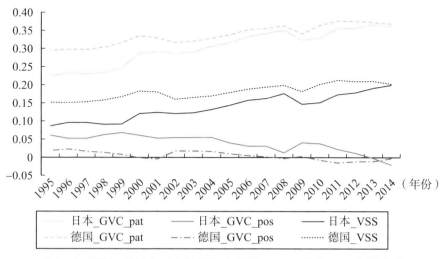

图 4 - 4　1995 ~ 2014 年日本与德国的 GVC_ pat、GVC_ pos、VSS 变化

资料来源：2016 年 WIOD 数据库。

第二节
技术进步的现状及其测度

　　21 世纪以来，高端制造业的发展已经取得了一些突飞猛进的技术成果，以计算机制造技术、计算机多层次应用技术（如生物计算机、DNA 计算机、量子计算机等）、互联网应用技术、太空探测技术、基因与转基因技术、先进材料研发与制造技术、抗病毒性药品研发与生产技术、高速交通运输工具研究与制造技术等为代表的技术正在诸多相关行业中获得广泛应用。近年来，相比传统制造业的发展，不断出现了先进制造业链条式结合发展的新态势，其具体表现在不断吸收计算机、电子信息、机械、材料以及先进管理经验等方面的进步性技术成果，并将技术成果综合运用于制造业产品的研发、设计、生产、制造、检测、装配、发运、营销、售后服务和全程管理的过程，以实现整体产品的形成与消费链条环节的先进、实用、优质、高效、低能耗、低污染，既为企业带来稳定和可持续的利润，也为消费者带来更多的便利性体验，同时也为生存环境的保护和人力资本的高层次化带来了巨大的推动作用。

　　作为先进制造业中最突出的制造模式——智能制造，近年来不断被各制造强国实现，它通过由智能机器和人类所共同组成的人机一体化智能系统，在制造过程中能进行一系列智能活动，如构思、分析、判断、推理、决策、总结、记忆等，去拓展、提升、取代人类专家和生产者在产品制造过程中的脑力劳动及体力劳动。随着计算机的不断普及，借助计算机实现生产、分析、决策的人工智能系统逐步成为制造业发展的一个重要方向。自 20 世纪 80 年代起，日本、美国、加拿大、欧盟先后将智能制造技术上升为国家战略，其在智能计算机、机械传感器、人机界面、分布式智能系统技术、动态环境下系统集成等方面的智能性产品、界面、技术等发明和应用上，不断取得重大突破。特别是 21 世纪以来，随着互联网的普及，中国不断追赶日本、德国、美国等传统智能制造强国，将智能制造技术广泛应用于不同制造业细分行业的成套设备或生产线上，已经不断实现整个制造过程的自动化、智能化、精细化和低碳化。

在传统制造业下，由于中间品贸易的大量出现，使得物品的流转加快，故零部件生产、组装等制造环节往往处于价值链的底端，而研发设计、售后服务通常处于价值链的高端；但是在智能生产制造下，由于技术进步的不断深化，已经内部化了研发设计、生产组装、物流运输，故能在生产、组装等制造环节上取得较高的利润，形成了不同于传统制造业的利润格局，具体如图 4-5 所示。

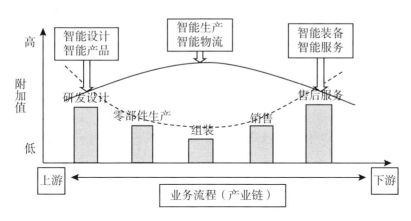

图 4-5　传统生产下的微笑曲线（虚线）与智能生产下的武藏曲线（实线）

针对技术进步的测度，通常采用的方法有柯布-道格拉斯生产函数法、索洛余值法、数据包络分析法等。柯布—道格拉斯（Cobb-Douglas）生产函数法，是由柯布和道格拉斯（Cobb and Douglas，1928）在引入技术资源后，对一般生产函数做出改进后形成的，其函数形式通常为 $Y = A(t) K^{\alpha} L^{\beta} \varepsilon$，其中 Y 表示总产出，$A(t)$ 表示技术进步水平，K、L 分别表示投入的资本和劳动力要素，一般分别用固定资产投入、劳动力投入来衡量，α、β

分别为资本和劳动的投入比例，也即该两种要素的产出弹性，ε 为随机干扰因素。当 $\alpha + \beta < 1$，即存在规模报酬递减的情形；当 $\alpha + \beta \geq 1$，即当不存在规模报酬递减的情形时，通过提高技术水平或者维持现有技术水平而扩大生产规模，能起到促进经济增长的作用。其中，关于技术进步水平的衡量，一般采用技术水平增长率测算，具体可通过微分式 $\dfrac{dA(t)}{A(t)} = \dfrac{dY}{Y} - \alpha \times \dfrac{dK}{K} - \beta \times \dfrac{dL}{L}$ 计算得出。

索洛余值法是索洛（Solow，1957）在希克斯中性技术进步的假设条件下，假定技术、资本和劳动力均作为生产要素，通过一定的组合以投入到生产中，其假设生产函数的形式为 $Q = A(t)f(K, L)$，其中 Q 表示产出，$A(t)$ 表示随时间变化的技术进步要素，K、L 分别表示投入的资本要素和劳动力要素，在对该生产函数微分化后有 $dQ = f(K, L) \times dA(t) + A(t) \times (f_K(K, L) \times dK + f_L(K, L) \times dL)$，因此其产出的增长率可分解为 $\dfrac{dQ}{Q} = \dfrac{dA(t)}{A(t)} + \dfrac{\dfrac{\partial f(K, L)}{\partial K}}{\dfrac{f(K, L)}{K}} \times \dfrac{dK}{K} + \dfrac{\dfrac{\partial f(K, L)}{\partial L}}{\dfrac{f(K, L)}{L}} \times \dfrac{dL}{L}$，其中 $\dfrac{dQ}{Q}$ 表示产出的增长率，$\dfrac{dA(t)}{A(t)}$、$\dfrac{dK}{K}$、$\dfrac{dL}{L}$ 分别表示技术进步率、资本增长率、劳动增长率，$\dfrac{\dfrac{\partial f(K, L)}{\partial K}}{\dfrac{f(K, L)}{K}}$、$\dfrac{\dfrac{\partial f(K, L)}{\partial L}}{\dfrac{f(K, L)}{L}}$ 分别表示在仅有资本和劳动力两种生产要素条件下资本、劳动的产出弹性，通过移项，则可计算出技术进步率。

数据包络分析法（DEA 法）是一种基于多投入和多产出绩效决策的测评方法。其分析的基本思想是在确定每期各决策单元的最优生产边界后，再依据每个决策单元的实际产出状况同最佳生产边界进行比较，从而测算出每个决策单元的技术效率变化程度和技术进步水平。假设在时期 t（t = 1，2，……，T）中，第 k（k = 1，2，……，K）个决策单元，使用了 n（n = 1，

2，……，N）种投入要素 $x_{k,n}^t$，获得了 m（m = 1，2，……，M）种产出 $y_{k,m}^t$。在规模报酬不变且投入要素满足强可处置性条件下，产出可行集定义

为 $P^t(x^t) = \{(y_1^t, y_2^t, \cdots, y_m^t): \sum_{k=1}^K z_k^t y_{k,m}^t \geqslant y_m^t; \sum_{k=1}^K z_k^t x_{k,n}^t \leqslant x_{k,n}^t; z_k^t \geqslant 0\}$，

其中 z_k^t 表示第 k 个决策单元在第 t 时期的权重。依托前定的参考技术，则第

k′个决策单元的技术效率的最优可行集一般可表示为：$F_o(x_k^t, y_k^t) =$

$\{\max\theta_{k'}:\theta_{k'}y_{k',m}^t \leqslant \sum_{k=1}^K z_k^t y_{k,m}^t; \sum_{k=1}^K z_k^t x_{k,n}^t \leqslant x_{k',n}^t; z_k^t \geqslant 0\}$。依据法勒等（Fare

et al.，1994）的定义，技术效率的倒数即为距离函数，即有距离函数 $D_o^t(x_k^t,$

$y_k^t) = \dfrac{1}{F_o^t}(x_k^t, y_k^t)$。作为测算生产率的 Malmquist 指数，即以某一时期的生产

边界为可参照的技术，用两个跨期的距离函数之比来表示。如以第 t 期、第

t + 1 期的生产边界为可参照的技术，则该第 t 期和第 t + 1 期的两个不同时

期的 Malmquist 指数，通常可分别表示为 $M_o^t = \dfrac{D_o^t(x_k^{t+1}, y_k^{t+1})}{D_o^t(x_k^t, y_k^t)}$ 和 $M_o^{t+1} =$

$\dfrac{D_o^{t+1}(x_k^{t+1}, y_k^{t+1})}{D_o^{t+1}(x_k^t, y_k^t)}$。为了规避不同时期可参照技术的随机性影响，采用跨期

Malmquist 指数的几何平均值来测算生产率的变化，具体如式（4 - 7）所示：

$$TFP = (M_o^t M_o^{t+1})^{\frac{1}{2}} = \left\{\left[\frac{D_o^t(x_k^{t+1}, y_k^{t+1})}{D_o^t(x_k^t, y_k^t)}\right]\left[\frac{D_o^{t+1}(x_k^{t+1}, y_k^{t+1})}{D_o^{t+1}(x_k^t, y_k^t)}\right]\right\}^{\frac{1}{2}}$$

$$= \frac{D_o^{t+1}(x_k^{t+1}, y_k^{t+1})}{D_o^t(x_k^t, y_k^t)}\left[\frac{D_o^t(x_k^{t+1}, y_k^{t+1})}{D_o^{t+1}(x_k^{t+1}, y_k^{t+1})}\frac{D_o^t(x_k^t, y_k^t)}{D_o^{t+1}(x_k^t, y_k^t)}\right]^{\frac{1}{2}}$$

$$= EC(x_k^{t+1}, y_k^{t+1}; x_k^t, y_k^t) \times TC(x_k^{t+1}, y_k^{t+1}; x_k^t, y_k^t)$$

$$(4 - 7)$$

至此，Malmquist 生产率指数 TFP 的测算，需要先求解出 $D_o^t(x_k^t, y_k^t)$、

$D_o^t(x_k^{t+1}, y_k^{t+1})$、$D_o^{t+1}(x_k^t, y_k^t)$、$D_o^{t+1}(x_k^{t+1}, y_k^{t+1})$ 四个距离函数的值，其中

$D_o^t(x_k^t, y_k^t)$ 可通过前述技术效率直接求解，而其他三个距离函数也可通过

线性规划方法求解出。由式（4 - 7）中，$EC(x_k^{t+1}, y_k^{t+1}; x_k^t, y_k^t)$ 表示技术

效率的变迁指数，用来衡量所观测的决策单元 k 在跨期对生产边界的追赶速度；TC(x_k^{t+1}，y_k^{t+1}；x_k^t，y_k^t）表示技术进步的指数，用来衡量所观测的决策单元 k 在跨期对生产边界的移动。一般而言，Malmquist 生产率指数 TFP 有三种不同的情况，即大于 1、等于 1 和小于 1，分别对应着生产率的增长、不变和下降。

除此之外，技术进步通常也可用一些全要素生产率之外的因素，如研发投入、资源配置效率、研发人员占就业人员比重、劳动生产率、专利申请等来衡量，因此其测度方法也与前述的几种方法有所差异（见图 4-6）。

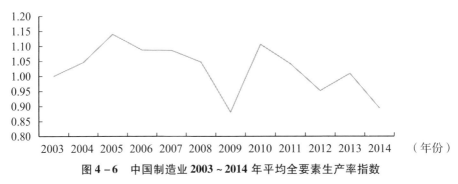

图 4-6　中国制造业 2003~2014 年平均全要素生产率指数

注：基于 DEA 方法测算，假定 2003 年的 TFP 指数为 1。
资料来源：《中国统计年鉴》。

第三节
工资差距的现状及其测度

在全球价值链分工格局下，工资是企业参与全球化竞争和发展后的产物，是企业经营利润的一部分，更是国民收入的重要组成部分。随着全球化的发展，工资在不同的国家、同一国家内部不同地区、不同行业以及不同性别之间，都表现出了一定程度的巨大差异，这些差异的产生，既有劳动者自身的因素，以及全球化因素所起的作用，也有技术性因素，如技术的引进和自主创新的实现，以及其他一些政府、行业、企业自身制定的方针、政策所起的作用；形成不同层面工资差距的原因较多，工资测度方法的差异往往也是一个不容忽视的因素。

依据国际劳工组织 2017 年发布的《2016—2017 年全球工资报告》，自 2008 年的全球金融危机后，相比发展中经济体工资增长较慢，发达国家的工资增长则较快，2015 年，美国的实际工资增长率为 2.2%，欧盟国家的实际工资增长率为 1.9%。自 2016 年底美联储加息以来，北美和欧盟国家实际工资水平的上升，并不足以抵消新兴和发展中经济体实际工资水平的下降，就全球范围而言，已然呈现出发达国家与发展中国家工资差距扩大的趋势。

在不同国家间，实际工资份额的变动，由于受到全球化、技能偏向性技术、劳动市场制度的弱化，以及金融投资市场对传统制造业的挤压，导致在全球大多数发展中国家，近几十年的工资增长落后于劳动生产率增长，其工资收入占 GDP 的比重逐步下降；而欧美发达国家和一些新兴经济强国，由于处于技术先进和资金充裕的有利地位，其情形与广大发展中国家有所差异，出现了工资增长率持续超过劳动生产率增长的情况。

在不同国家的不同行业间、不同企业间，依然存在着比较大的工资差距，在 2000～2013 年，美国、东南亚、南非、土耳其等市场，由于企业的重组或将外围活动外包给国内外承包商或经销商，使得企业应用科技水平出现两极分化，促使高技能工人集中于一些特定行业（企业），低技能工人集中于另外一些行业（企业），最终加剧了不同行业（企业）间工资差距的情况。与行业之间工资差距扩大的情形类似，诸多国家内部工资不平等的现象也有所增强，地区工资不平等、个体工资不平等的加剧，已引发了一系列的社会问题。虽然近年来一些国家通过建立或完善最低工资制度，试图缩小工资差距，以提高低薪工人（特别是女性劳动者）的收入，但是在劳动力市场博弈的背景下，劳动者和企业之间在一定程度上有着较难调和的矛盾，劳资双方应该基于充分信息的共享和激励机制的完善，才能调动劳动者的积极性，更好地提升低收入者的工资水平，缩小工资差距。

在性别工资差距上，依据国际劳工组织 2017 年发布的《2016—2017 年全球工资报告》，以及一些比较有影响力的研究，如韦克塞尔鲍尔和埃伯默（Weichselbaumer and Ebmer，2010）、布劳和卡恩（Blau and Kahn，2016）的研究均表明，大多数国家内部的性别工资差距随着社会的发展和科技的进步而逐步缩小；但在不同国家之间，性别工资的差距却在不断扩大，特别是在低收入国家和高收入国家之间。

关于工资差距的测度方法，常见的有平均值法、极值差法、极值比法、变异系数法、基尼系数法、广义熵指数法（包括 MLD 指数法、泰尔指数法）等不同的指标方法。

平均值法，通常先计算出行业、地区、企业、性别等不同层面下平均工资的具体数值，进而比较其工资差距的状态，由于其数据的相对直观性，因此能较好地反映同一层面下不同对象之间的工资差距。

极值差法，通常在计算出同一层面下不同对象之间或同一对象内部的最高工资和最低工资后，采用最高工资和最低工资的差值来衡量其工资差距。

极值比法，类似于极值差法，通常是在先计算出同一层面下不同对象之间或同一对象内部的最高工资和最低工资后，再用最高工资和最低工资的比值来衡量其工资差距。

变异系数法，通常适用于当两组数据之间的测量尺度相差巨大，或者数据量纲不一致时，通过原始数据的标准差与平均值比较，以消除测量尺度和量纲的影响。变异系数既受到变量值标准差的影响，而且还受到变量值平均水平的影响，其计算公式为 $CV = \dfrac{\sqrt{\dfrac{1}{n}\sum\limits_{i=1}^{n}(y_i - \mu)^2}}{\mu} = \dfrac{\sigma}{\mu}$，其中 n 表示样本总数，$y_i$ 为依某个指标条件下，第 i 个样本个体的工资水平，$\mu = \dfrac{1}{n}\sum\limits_{i=1}^{n}y_i$ 为全样本条件下的平均工资，$\sigma = \sqrt{\dfrac{1}{n}\sum\limits_{i=1}^{n}(y_i - \mu)^2}$ 为标准差，若单个样本是同一个指标条件下的组，则需要对每组的样本所占比重进行加权。

广义熵指数法是由泰尔和斯科尔斯（Theil and Scholes，1967）在对工资收入份额度量的基础上产生的，由于该指数法依据按相关指标分组后的子群间非对称的特点，因此能相对准确地反映出各分类指标下的工资差距状况，其一般公式：

$$GE(\alpha) = \frac{1}{\alpha^2 - \alpha}\left(\frac{1}{n}\sum_{i=1}^{n}\left(\frac{y_i}{\bar{y}}\right)^{\alpha} - 1\right) \qquad (4-8)$$

其中 n 表示所分析个体的整个数量；y_i 表示第 i 个个体的工资收入；$\bar{y}$ 表示总体工资收入的平均水平。参数 α 为单个个体的工资收入分配权重，其通常取值为 0 或 1。当 $\alpha = 0$ 时，表示该指数分配给高水平部分的权重较小，而低水平部分的权重则较大。该广义熵指数可变形为对数偏差均值指数（the mean log deviation index），即 MLD 指数，其基本公式为：

$$GE(0) = \frac{1}{n}\sum_{i=1}^{n}\log\frac{y_i}{\bar{y}} \qquad (4-9)$$

该指数依据组内差距和组间差距的分解公式，可分解为如下：

$$GE(0) = I_w + I_b = \sum_{g=1}^{G}\frac{N_g}{N}\left(\sum_{i\in S_g}\frac{1}{N_g}\ln\left(\frac{y_g}{y_i}\right)\right) + \sum_{g=1}^{G}\frac{N_g}{N}\ln\left(\frac{\bar{y}}{y_g}\right) \qquad (4-10)$$

其中 I_w、I_b 分别为组内差距和组间差距；N、N_g 分别表示总体样本和第 S_g 组样本的数量，总体样本被分为 G 组，分别为 S_1、S_2、……、S_g（其中 g = 1，2，……，G）；$\bar{y}$、y_g、y_i 则分别表示样本总体的均值收入、第 S_g 组样本的平均工资收入、第 S_g 组中第 i 个个体的工资收入。

当 $\alpha = 1$ 时，其广义熵指数变形为泰尔指数（Theil Index），表示分配给不同发展水平部分相同的权重，其公式的具体形式如下所示：

$$GE(1) = \frac{1}{n}\sum_{i=1}^{n}\frac{y_i}{\bar{y}}\log\frac{y_i}{\bar{y}} \qquad (4-11)$$

同时该泰尔指数也可根据地区、行业、性别及其他层面的指标进行分解（见图 4-7 和图 4-8），总体差距可分为组内差距和组间差距，如下所示：

$$I = I_w + I_b = \sum_{g=1}^{G} y_g \left[\sum_{i \in S_g} \frac{y_i}{y_g} \log \frac{\dfrac{y_i}{y_g}}{\dfrac{1}{N_g}} \right] + \sum_{g=1}^{G} y_g \log \frac{\dfrac{y_g}{N_g}}{N} \qquad (4-12)$$

其中 I_w、I_b 分别为组内差距和组间差距；N、N_g 分别表示总体样本和第 S_g 组样本的数量，总体样本被分为 G 组，分别为 S_1、S_2、……、S_g（其中 $g = 1$，2，……，G）；y_g、y_i 则分别表示第 S_g 组的平均工资、第 S_g 组中第 i 个个体的工资收入。

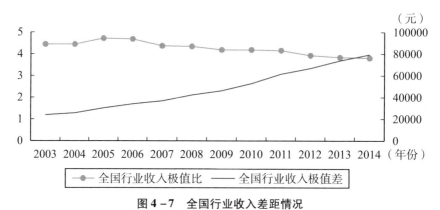

图 4-7　全国行业收入差距情况

注：左纵轴对应极值比，右纵轴对应极值差，单位为元。
资料来源：国家统计局网站。

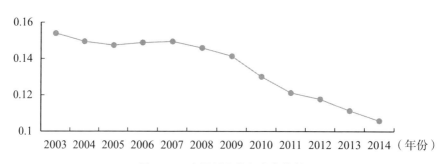

图 4-8　全国城乡收入泰尔指数

资料来源：国家统计局网站。

　　基尼系数法，本质上是通过构建分配的非均衡化指标来计算贫富差距的程度。其依据洛伦茨曲线，即计算最贫穷人口百分比对应收入百分比的实际工资收入分配曲线，与人口—收入等比的工资收入分配绝对平等曲线形成的面积 A，占工资收入分配绝对平等曲线与横纵轴之间形成的面积 A + B 的比值，即 $\dfrac{A}{A + B}$，以表示基尼系数，具体示意图如图 4 - 9 所示。按照累加法原则，基尼系数法的一般计算公式如下所示：

$$G = \sum_{i=1}^{n} X_i Y_i + 2 \sum_{i=1}^{n} X_i (1 - V_i) - 1 \qquad (4 - 13)$$

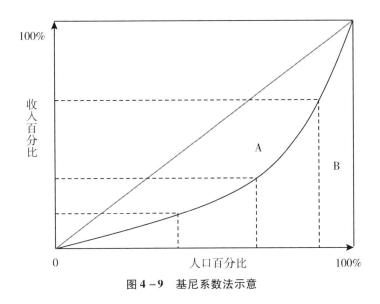

图 4 - 9　基尼系数法示意

　　其中，i = 1，2，……，n 表示分组的组数，X_i 表示第 i 组的人口占比，Y_i 表示第 i 组的工资收入占比，V_i 表示第 i 组累积的工资收入占比。据此测算了 WIOD 数据库中诸多国家在 2008 年和 2012 年的基尼系数，具体如图 4 - 10 所示。

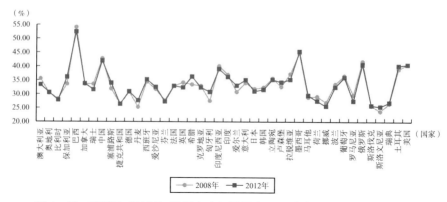

图 4 – 10   WIOD（2016）数据库中不同国家 2008 年与 2012 年的基尼系数

资料来源：世界银行网站。

第五章 全球价值链分工、技术进步对跨国行业工资差距影响的实证分析

在全球价值链分工不断深入的背景下，各国不同行业逐步融入其中，受技术进步因素的影响，跨国行业之间的工资差距会产生什么变化，又对跨国行业内工资差距产生哪些不同的影响，是当今各国共同关注的问题。本章通过引入跨国行业层面工资差距的数据，从全球价值链分工、技术进步的视角，实证分析了其对行业间和行业内工资差距的影响，发现在不同收入国家的不同产业上，价值链分工指标和技术进步指标对行业间工资差距，以及行业内工资差距上所起的作用存在较大的差异化现象。

第一节
计量模型的建立

全球价值链分工会促使不同国家参与其中，高收入国家通过专业化优势，实现本国行业专门生产优势产品，有助于扩大与中等收入国家行业之间的工资差距；但是，高收入国家也有可能因为转移中间品生产加工业务，减少对中低技能劳动力的需求，以及通过劳动力市场的世界化，形成劳动力的大量供应，压低行业平均工资，会缩小与中等收入国家行业之间的工资差

距。对于中等收入国家，则有可能限于承接高收入国家中低端产品的外包，陷于低端锁定，形成降低平均工资（张少军，2015）；也有可能"干中学"，通过外部的技术溢出，促使生产率提升，提高平均工资，因此，其与高收入国家行业间平均工资差距的变动也较难判断（见图 5 – 1）。在考虑到价值链分工的技术溢出效应，以及中等收入国家内部自主创新式技术进步的共同作用下，有可能会使中等收入与高收入国家行业间工资差距的变动情况更为复杂。在分析全球价值链分工、技术进步对行业工资差距的影响时，除了应分析行业间工资差距外，还应分析行业内工资差距。依据所分析的问题和现有数据的特点，本章节引入了不同变量展开分析，除了引入价值链参与度、价值链分工地位等价值链分工指标，全要素生产率等技术进步指标外；考虑到技术的生成可能与资本的深化程度有一定的关系，即行业实体资本的渗透性发展，在一定程度上可能带来技术创新的物质激励，从而推动技术进步，促进生产率的提高，对不同行业劳动者的收入差距有一定的影响，因而引入了该变量；同时，行业的就业性补偿支出体现了对劳动者就业的投入和保障性支出，也能反映出不同行业劳动者的工资性收入差距状况，因而也引入了该变量。

基于前述全球价值链分工、技术进步对工资差距影响的分析，在构建行业间工资差距的模型时，考虑到分析高收入国家行业与中等收入国家行业之间的工资差距时，由于高收入国家与中等收入国家的数量不一致，以及行业数据的缺失，形成难以通过工资的差值或比值构建工资差距方程，故采用比较自变量对平均工资影响的方法，来衡量行业间工资差距的变化；如同一自变量对高收入国家行业平均工资的影响系数为 β_0，对中等收入国家行业平均工资的影响系数为 β_1，当在相同自变量与控制变量的方程中，该两系数显著时，则可以直接进行比较；若 $\beta_0 > \beta_1$，则说明该自变量会形成高收入国家行业与中等收入国家行业之间工资差距的扩大，反之，若 β_0 与 β_1 均显著，且 $\beta_0 < \beta_1$，则说明该自变量会产生缩小高收入国家与中等收入国家行业之间工资差距的作用。

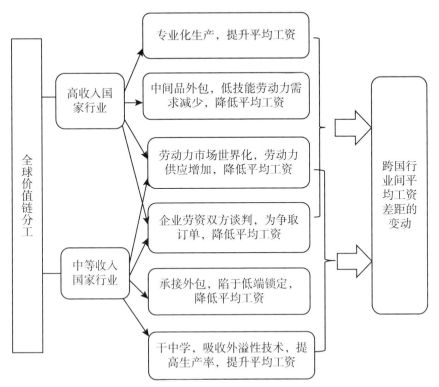

图 5 - 1　全球价值链分工对跨国行业间平均工资差距的影响

同时，考虑到价值链分工的技术溢出效应的作用，对行业间工资差距和行业内工资差距的模型构建成如式（5 - 1）和式（5 - 2）所示：

$$lnwage_{ijt} = \alpha + \beta \times gvc_{ijt} + \gamma \times lntfp_{ijt} + \delta \times gvc_{ijt} \times lntfp_{ijt}$$
$$+ \eta \times control_{ijt} + \lambda_i + \xi_j + \mu_t + \varepsilon_{ijt} \qquad (5 - 1)$$

$$wage\_gap_{ijt} = \alpha' + \beta' \times gvc_{ijt} + \gamma' \times lntfp_{ijt} + \delta' \times gvc_{ijt} \times lntfp_{ijt}$$
$$+ \eta' \times control_{ijt} + \lambda'_i + \xi'_j + \mu'_t + \varepsilon'_{ijt} \qquad (5 - 2)$$

其中，$lnwage_{ijt}$表示 i 国 j 行业 t 年的小时平均工资，通过比较不同国家行业平均工资的变化，则可以反映出跨国行业间工资差距的变化，由于全球价值链分工更多的是高收入国家和中等收入国家之间的一种分工协作，因此，有必要比较该两种类型国家行业之间的工资差距，故采取了通过比较平均工资变化的方法，来衡量工资差距的变动；$wage\_gap_{ijt}$表示 i 国 j 行业 t 年的高技能群体与低技能群体的工资差距，用以衡量跨国行业内部的工资差距；gvc_{ijt} 表示 i 国 j 行业 t 年的各价值链分工指标，包括价值链参与度 gvc_pat_{ijt} 和价值链分工地位 gvc_pos_{ijt}；$lntfp_{ijt}$ 表示 i 国 j 行业 t 年的全要素生产率；交乘项 $gvc_{ijt} \times lntfp_{ijt}$ 表示价值链分工的技术进步效应；$control_{ijt}$ 表示各控制变量指标，包括资本深化程度 $capin_{ijt}$、就业性补偿支出比重 $laborin_{ijt}$；λ_i、ξ_j、μ_t 分别表示国家效应、行业效应和时间效应；ε_{ijt} 表示随机干扰项因素。

第二节
变量选取与数据说明

一、变量选取

依据前述式（5-1）与式（5-2）中的规定，被解释变量 $lnwage_{ijt}$，采用各国分行业从业工人的小时平均工资收入来衡量，通过考察平均工资的变化，进而分析工资差距的变动，具体而言是先分析自变量对平均工资的影响变化，进而比较由平均工资的变化引起的工资差距的变化。为比较的方便，将该工资收入统一转化为当年购买力平价汇率（PPP 价格汇率），其本币小时收入的数据来源于 WIOD 数据库国民经济和社会账户的数据，而购买力平价汇率数据来源于世界银行；被解释变量 $wage\_gap_{ijt}$ 表示不同国家行业内部的工资差距，参照迈克尔斯等（Michaels et al.，2014）采用熟练技术工人工资占全部工人工资的比重来衡量不同技术层级工人工资差距的思路，其认为熟练技术工人工资占全部工人工资的比例越高，则说明熟练技术工人与非熟练技术工人之间存在着越大的工资差距；反之，则越小。

解释变量 gvc_{ijt} 表示各价值链分工因素，其中包括价值链参与度 gvc_pat_{ijt}，衡量的是一国不同行业不同时期参与全球价值链分工的程度；价值链分工地位 gvc_pos$_{ijt}$，衡量的是一国不同行业不同时期参与国际分工中的地位；此两个价值链分工指标的具体计算依据前述第四章第一节中对应价值链分工指标的计算方法，借助 WIOD 数据库，即可计算出各国不同行业不同时期的该指标数值。

解释变量 lntfp$_{ijt}$表示全要素生产率，用以表征技术进步，其具体的计算方法，依据柯布—道格拉斯（Cobb – Douglas）生产函数法，设定 Y = AK$^{\alpha}$L$^{1-\alpha}$，Y 表示产出，A 表示全要素生产率，K、L 分别表示资本和劳动力的投入，α、1 - α 分别表示资本和劳动力所占份额，忽略各不同国家及分行业的差异情况，规定 α = 1 - α = 0.5，借助 WIOD 数据库中国民经济和社会统计账户内的总产出、资本投入与劳动力投入数据，即可测算出各国不同行业的全要素生产率。

控制变量 control$_{ijt}$中包括资本深化程度 capin$_{ijt}$和就业性补偿支出比重 laborin$_{ijt}$，其中资本深化程度在式（5 - 1）中采用资本形成下的名义股本价值占总产出价值的比例来衡量，在式（5 - 2）中采用名义资本形成额占总产出价值的比例来衡量；就业性补偿支出比重，在式（5 - 1）和式（5 - 2）中均采用针对全社会就业群体的总支出占总产出的比例。

二、数据说明

为保证数据的时效性，被解释变量 lnwage$_{ijt}$的数据，来源于 2016 年版的 WIOD 数据库中的国民经济和社会发展统计账户，以及世界银行中的购买力平价统计数据，其中涉及 42 个国家的分行业[①]；由于该 2016 年版 WIOD 数

---

① 该 42 个国家，具体包括澳大利亚、奥地利、比利时、保加利亚、巴西、加拿大、瑞士、中国、塞浦路斯、捷克、德国、丹麦、西班牙、爱沙尼亚、芬兰、法国、英国、希腊、克罗地亚、匈牙利、印度尼西亚、印度、爱尔兰、意大利、日本、韩国、立陶宛、卢森堡、拉脱维亚、墨西哥、马耳他、荷兰、挪威、波兰、葡萄牙、罗马尼亚、俄罗斯、斯洛伐克、斯洛文尼亚、瑞典、土耳其、美国等。

据库中的分行业数据，在不同的国家和不同的年份，存在一定的缺失情况，故形成了个别国家行业数据的差异化情形，个别国家如美国在个别年份存在56个整体行业的数据，也有个别国家如俄罗斯在很多年份仅有34个行业的数据，但是绝大多数国家在此整体时间段内，拥有的行业数为54个，且这些行业中均存在第一、第二、第三产业，因此保留了这些不同国家的行业数据，进而构造成跨国行业的非平衡面板数据，所涉及的时间长度为2000~2014年。

因2016年版WIOD数据库中的国民经济和社会发展统计账户并不包括技能工资的信息，被解释变量 wage_gap$_{ijt}$ 的数据来源于2013年版的WIOD数据库中的国民经济和社会发展统计账户，其涉及国家数目为39个，相比前者的国家数目，少了瑞士、克罗地亚、挪威等三国；由于该数据库中的分行业数据，在不同的国家和不同的时间段，也存在一定的缺失情况，故也形成了个别国家行业数据的差异化情形，就整体而言，这些行业中均存在第一、第二、第三产业，为保证数据的全面性，保留了这些不同国家的行业数据，进而构造成跨国行业的非平衡面板数据，所涉及的时间长度为1995~2009年。

解释变量中价值链参与度 gvc_pat$_{ijt}$、价值链分工地位 gvc_pos$_{ijt}$、全要素生产率 lntfp$_{ijt}$ 及控制变量 control$_{ijt}$ 中行业资本深化程度 capin$_{ijt}$ 和行业就业性补偿支出比重 laborin$_{ijt}$，在式（5-1）中的该数据来源于2016年版的WIOD数据库，而在式（5-2）中的该数据来源于2013年版的WIOD数据库，并经个人测算整理。关于各主要变量的描述性统计结果如表5-1所示。

表5-1　　　通过行业平均工资考察行业间工资差距的模型和行业内
工资差距模型主要变量的描述性统计结果

行业间工资差距模型变量	样本数	均值	标准差	最小值	最大值
行业平均工资对数（lnwage）	32271	3.4168	0.7421	-1.0722	7.4085
价值链参与度（gvc_pat）	32271	0.3962	0.1541	0.0682	0.9972

续表

行业间工资差距模型变量	样本数	均值	标准差	最小值	最大值
价值链分工地位（gvc_pos）	32271	-0.0142	0.2087	-0.6906	0.5056
全要素生产率（lntfp）	32271	3.8399	1.1235	-0.1096	9.8484
资本深化程度（capin）	32271	1.3082	2.1104	0	90.4721
就业性补偿支出比重（laborin）	32271	0.2705	0.1707	0.0005	6.2661
行业内工资差距模型变量	样本数	均值	标准差	最小值	最大值
行业内工资差距（wage_gap）	19391	0.4785	0.0684	0.2103	0.8815
价值链参与度（gvc_pat）	19391	0.4036	0.1678	0.0127	0.9897
价值链分工地位（gvc_pos）	19391	-0.0526	0.2162	-0.6853	0.4471
全要素生产率（lntfp）	19391	1.8292	0.4689	-1.6239	5.8777
资本深化程度（capin）	19391	0.1165	0.1294	0	2.6474
就业性补偿支出比重（laborin）	19391	0.2733	0.1762	0	5.5119

第三节
实证分析

一、跨国行业间工资差距模型的实证分析与稳健性检验

在分析跨国行业间工资差距时，采用的是比较自变量对不同国家行业平均工资变化的影响，进而比较由平均工资的变化引起的不同国家行业间工资差距的变化，如公式 $DW = (1 + \beta_0) \dfrac{W_2}{(1 + \beta_1) W_1}$，其中 DW 表示的是高收入国家与中等收入国家行业之间的工资差距，W_2 表示高收入国家行业的平均工资，W_1 表示中等收入国家行业的平均工资，β_0、β_1 分别表示同一自变量对高收入国家行业平均工资和中等收入国家行业平均工资的影响系数，当其

均显著时，则可以根据系数的方向及大小反映出该自变量对平均工资的影响，进而能分析出对不同收入国家行业之间工资差距变动的影响。

考虑到该跨国行业间面板数据的特点，若采用混合回归方法（Pooled OLS）分析，则会缺少对国家效应或时间效应、行业效应的考量，且经过对固定效应（FE）方程中 F 统计量的观察，发现其概率值为 0，表明拒绝原假设，存在个体效应，固定效应的分析方法优于混合回归方法。进一步考虑该面板数据可能存在的截面异方差性，选择固定效应（FE）或随机效应（RE）方法分析比较变量间的影响关系，但是经过 Hausman 检验后，发现其概率值小于临界水平 0.05，表明拒绝原假设，即说明固定效应明显优于随机效应的分析。将该 2000~2014 年中的 42 个国家依据 2017 年世界银行对不同国家收入分类划分的标准，将人均国民年收入大于 12235 美元的视为高收入国家，在 3956~12235 美元的视为中等偏上收入国家，在 1006~3955 美元的视为中等偏下收入国家，低于 1005 美元的视为低收入国家，将中等偏上收入的国家和中等偏下收入的国家合称中等收入国家，据此测算出保加利亚、巴西、中国、克罗地亚、印度尼西亚、印度、墨西哥、罗马尼亚、俄罗斯、土耳其等 10 个国家为中等收入国家，其他 32 个国家为高收入国家。据此，在对交乘项去中心化处理后，进行了分收入类型国家固定效应的分析，结果如表 5-2 所示。

表 5-2　　　基于分析不同收入国家行业间工资差距的平均工资分析结果

因变量 (lnwage)	(1) 高收入国家	(2) 中等收入国家	(3) 高收入国家	(4) 中等收入国家	(5) 高收入国家	(6) 中等收入国家	(7) 高收入国家	(8) 中等收入国家
gvc_pat	-0.39^{***} (0.12)	-0.24 (0.26)	-0.39^{***} (0.12)	-0.25 (0.26)	0.20 (0.12)	-0.01 (0.14)	-0.40^{***} (0.12)	-0.25 (0.26)
gvc_pos	0.13 (0.09)	0.39 (0.26)	0.13 (0.09)	0.37 (0.25)	0.54^{***} (0.10)	0.64^{***} (0.24)	0.12 (0.09)	0.37 (0.25)

续表

因变量 （lnwage）	（1） 高收入 国家	（2） 中等收 入国家	（3） 高收入 国家	（4） 中等收 入国家	（5） 高收入 国家	（6） 中等收 入国家	（7） 高收入 国家	（8） 中等收 入国家
lntfp	0.32 *** （0.02）	0.69 *** （0.04）	0.33 *** （0.02）	0.69 *** （0.04）	0.41 *** （0.02）	0.77 *** （0.03）	0.33 *** （0.02）	0.69 *** （0.04）
gvc_pat × lntfp			− 0.11 ** （0.05）	− 0.16 （0.11）	− 0.12 * （0.06）	− 0.19 （0.15）	− 0.18 *** （0.07）	− 0.20 （0.15）
gvc_pos × lntfp					− 0.01 （0.03）	− 0.02 （0.12）	− 0.07 * （0.04）	− 0.03 （0.12）
capin	0 （0）	− 0.01 （0.01）	0 （0）	− 0.01 （0.01）	0 （0.01）	− 0.01 （0.01）	0 （0）	− 0.01 （0.01）
laborin	0.59 *** （0.08）	0.97 *** （0.18）	0.58 *** （0.08）	0.96 *** （0.17）	0.61 *** （0.08）	0.95 *** （0.18）	0.58 *** （0.08）	0.96 *** （0.17）
_cons	2.28 *** （0.09）	0.42 *** （0.15）	2.26 *** （0.09）	0.40 ** （0.15）	1.98 *** （0.09）	0.17 （0.14）	2.27 *** （0.08）	0.40 ** （0.15）
行业效应	有	有	有	有	有	有	有	有
国家效应	有	有	有	有	有	有	有	有
年份效应	有	有	有	有	无	无	有	有
N	25229	7042	25229	7042	25229	7042	25229	7042
R^2	0.677	0.683	0.679	0.686	0.678	0.685	0.679	0.686

注：括号内为行业聚类稳健标准误。*、**、*** 分别表示 0.1、0.05、0.01 的显著性水平。

通过表 5 - 2 对高收入国家和中等收入国家平均工资分析结果的比较，发现提升价值链参与度本身对跨国行业间工资差距的影响并不显著，因为其仅对高收入国家行业平均工资有显著的负向影响，但对中等收入国家行业平均工资的影响并不显著；高收入国家在复出口过程中产生的高额国外附加值（往往来源于其他高收入国家）所形成的高参与度水平，会通过劳动力市场的世界化，降低劳动要素收入分配的份额，助推行业平均工资水平的下降，中等收入国家在提升价值链参与度上，会通过低端锁定或逐底竞争形成整体行业平均工资的非显著性下降。提升价值链分工地位本身，仅在不考虑年份效应时，会通过更多地提升中等收入国家行业的平均工资，缩小不同收入国家行业之间的工资差距。提升全要素生产率本身，也会通过更多地提升中等收入国家行业的平均工资，缩小不同收入国家行业之间的工资差距，这可能与中等收入国家的技术水平和劳动者工资水平相对较低，技术水平提升的边际效应更大，对工资的推动作用更强有一定的关系。参与价值链分工的技术进步效应，多对不同收入国家行业的平均工资产生负向影响，但是对中等收入国家的影响并不显著，因此，其对跨国行业间工资差距的作用并不显著，说明价值链分工的技术进步效应对跨国行业间工资差距作用的形成，可能相对较为复杂。控制变量中，就业补偿性支出比重 $laborin_{ijt}$ 会通过更多地提升中等收入国家行业的平均工资，缩小不同收入国家行业之间的工资差距，说明中等收入国家应继续坚持对不同行业的就业性补偿支出，通过提升劳动者的积极性，激励劳动者积极投身行业生产与发展，缩小与高收入国家行业之间的工资差距。

　　考虑到上述价值链分工指标和技术进步指标对不同收入国家中的工资差距的差异性影响，价值链参与度及其技术进步效应的影响多不显著，因此进一步细分不同产业分析其对跨国行业间工资差距的影响，进行稳健性检验。在 2016 年版 WIOD 数据库中，共有 56 个细分行业，依据其规定，第 1 ~ 第 3 行业为第一产业，第 4 ~ 第 27 行业为第二产业，第 28 ~ 第 56 行业为第三产业，继续对其进行固定效应的分析，如表 5 - 3 所示。

表 5 - 3　　　　　　　　基于分析不同收入国家分产业间工资差距的

平均工资稳健性检验结果

因变量	高收入国家			中等收入国家		
（lnwage）	第一产业	第二产业	第三产业	第一产业	第二产业	第三产业
gvc_pat	- 0. 682 （0. 295）	- 0. 467 ** （0. 182）	- 0. 421 ** （0. 195）	- 2. 499 ** （0. 532）	- 0. 627 ** （0. 279）	- 0. 009 （0. 381）

续表

因变量（lnwage）	高收入国家			中等收入国家		
	第一产业	第二产业	第三产业	第一产业	第二产业	第三产业
gvc_pos	0.251 ** (0.039)	0.174 * (0.098)	−0.071 (0.114)	0.269 (0.098)	0.506 ** (0.198)	0.251 (0.360)
lntfp	0.391 ** (0.058)	0.350 *** (0.028)	0.282 *** (0.031)	0.411 ** (0.066)	0.761 *** (0.071)	0.617 *** (0.042)
gvc_pat × lntfp	0.011 (0.218)	−0.192 ** (0.092)	−0.042 (0.164)	−1.368 ** (0.171)	0.031 (0.190)	−0.559 ** (0.249)
gvc_pos × lntfp	−0.065 (0.081)	−0.018 (0.032)	−0.032 (0.103)	0.101 (0.204)	−0.001 (0.153)	−0.233 (0.192)
capin	−0.049 (0.025)	0.006 (0.007)	0.005 (0.007)	−0.100 (0.081)	−0.013 (0.013)	0.005 (0.014)
laborin	0.811 * (0.190)	0.664 *** (0.122)	0.632 *** (0.125)	1.625 ** (0.214)	1.362 *** (0.373)	0.909 *** (0.203)
_cons	1.728 ** (0.297)	2.258 *** (0.105)	2.421 *** (0.102)	1.634 * (0.492)	0.271 (0.236)	0.581 *** (0.192)
行业效应	是	是	是	是	是	是
国家效应	是	是	是	是	是	是
年份效应	是	是	是	是	是	是
N	1391	11090	12748	414	3302	3326
R^2	0.694	0.781	0.642	0.933	0.702	0.710

注：括号内为行业聚类稳健标准误。 * 、 ** 、 *** 分别表示0.1、0.05、0.01 的显著性水平。

通过对表 5-3 不同收入国家分产业平均工资分析结果的比较，发现提升价值链参与度本身会通过更多地降低中等收入国家第二产业的平均工资，形成不同收入国家第二产业之间工资差距的扩大，这可能与中等收入国家第二产业在参与全球价值链分工的过程中，确实存在一定的技术劣势，因此其与高收入国家第二产业之间，会形成工资差距的扩大。提升价值链分工地位本身会通过更多地提升中等收入国家第二产业的平均工资，形成不同收入国家第二产业之间工资差距的缩小，由于当前以中国、印度、巴西、墨西哥、土耳其等为代表的中等收入国家的第二产业，在广泛参与全球分工的贸易往来中，出口国内附加值的增多和国外附加值的下降，促使国内第二产业平均工资不断上升，缩小了与高收入国家第二产业之间的工资差距。提升全要素生产率本身，会通过更多地提升中等收入国家不同产业的平均工资，缩小不同收入国家在不同产业之间的工资差距，说明技术进步带给中等收入国家的整体性作用，更为积极，这可能与中等收入国家的技术基础相对薄弱，技术进步本身对企业收益作用的边际效应更大有一定的关系。价值链参与度的技术进步效应多显著为负，但对跨国分产业间工资差距的影响并不显著；价值链分工地位的技术进步效应对跨国分产业间工资差距的作用也不显著。就业补偿性支出比重的增加会通过更多地提升中等收入国家不同产业的平均工资，形成不同收入国家产业之间工资差距的显著缩小，这与前述未分类产业的作用相一致。就整体而言，该稳健性分析的结果与前述未进行产业分类的分析结果是一致的。

二、跨国行业内工资差距模型的实证分析与稳健性检验

在考虑到该跨国分行业内面板数据可能存在内生性的特点上，故未采用混合回归方法（Pooled OLS）分析，且通过对固定效应（FE）方程中 F 统计量的观察，发现拒绝原假设，固定效应的分析方法优于混合回归方法。进一步考虑该面板数据可能存在的截面异方差性，通过对比固定效应（FE）和随机效应（RE）的分析结果，在经 Hausman 检验后，发现固定效应明显优于随机效应的分析。因此，在对交乘项数据进行去中心化处理后，对该跨国行业内工资差距模型采用固定效应的稳健聚类分析，具体结果如表 5-4 中方程（1）~方程（4）所示。

表 5 - 4　　　　　　　　　跨国行业内部工资差距分析结果

因变量 （wage_gap）	固定效应法			工具变量法		
	（1）	（2）	（3）	（4）	（5）	（6）
gvc_pat	0. 121 *** （0. 020）	0. 121 *** （0. 020）	0. 121 *** （0. 020）	0. 118 *** （0. 020）	0. 170 ** （0. 068）	0. 183 *** （0. 071）
gvc_pos	0. 079 *** （0. 019）	0. 078 *** （0. 019）	0. 079 *** （0. 019）	0. 076 *** （0. 019）	0. 039 （0. 037）	0. 048 （0. 041）
lntfp	− 0. 012 ** （0. 005）	− 0. 012 ** （0. 005）	− 0. 013 ** （0. 005）	− 0. 013 ** （0. 005）	− 0. 107 （0. 119）	− 0. 111 （0. 113）
gvc_pat × lntfp		− 0. 009 （0. 019）		− 0. 048 （0. 032）	− 0. 176 （0. 213）	
gvc_pos × lntfp			− 0. 004 （0. 018）	− 0. 039 （0. 029）		0. 144 （0. 212）
capin	0. 021 （0. 022）	0. 021 （0. 022）	0. 021 （0. 022）	0. 020 （0. 022）		
laborin	− 0. 052 ** （0. 020）	− 0. 052 ** （0. 019）	− 0. 052 ** （0. 019）	− 0. 053 *** （0. 019）	− 0. 086 （0. 054）	− 0. 086 * （0. 051）
_cons	0. 474 *** （0. 011）	0. 473 *** （0. 011）	0. 474 *** （0. 011）	0. 475 *** （0. 011）	0. 639 *** （0. 203）	0. 642 *** （0. 193）
国家效应	否	否	否	否	否	否
行业效应	是	是	是	是	是	是
年份效应	是	是	是	是	是	是
N	19391	19391	19391	19391	19391	19391
R^2	0. 044	0. 045	0. 044	0. 045		

注：括号内为行业聚类标准误。*、**、***分别表示0.1、0.05、0.01的显著性水平。

通过该分析，发现在方程（1）~方程（4）中，价值链参与度和价值链分工地位本身对跨国行业内部的工资差距起到了显著为正的作用，说明融入全球价值链对于中间品外包的不同国家而言，会形成一定程度的劳动力技能结构的需求变化，对于发包国而言，其转移的多是低技术含量的中间品生产加工业务，会促使本国低技能劳动力的需求下滑，形成不同行业内部技能工资差距的上升；对于承包国而言，其所承接的依然是属于本国范围内的高技术含量的生产加工业务，会促使本国高技能劳动力的需求上升，也会形成内部技能工资差距的扩大，这与诸多经典文献中关于国际贸易会扩大一国内部技能工资差距的影响结论相一致。同时，在方程（1）~方程（4）中，全要素生产率对跨国行业内工资差距均起到了显著为负的作用，表明提升技术进步本身会缩小不同国家行业内部的工资差距，这可能与技术进步的实现、有助于提升低技能劳动力的工作技能有一定的关系；价值链分工的技术进步效应的作用为负向且不显著，表明技术进步对价值链分工在跨国行业内工资差距影响上所起的调节作用并不明显。

同时发现，就业补偿性支出比重会显著缩小整体国家行业内的工资差距，由于较多国家本着缩小国内贫富差距的精神，对不同行业的低技能就业者采取倾向性的补偿，提升其就业技能，因而其支出比重上升，有利于提升低技能层次的劳动技能，缩小行业内的工资差距。由于全要素生产率可能存在一定的内生性，其易受到资本深化程度等因素的影响，且该资本深化程度在此固定效应分析下均不显著，因此考虑在方程（5）~方程（6）中的工具变量法下进行分析，可将其视作全要素生产率的工具变量，通过分析，发现在核心解释变量对跨国行业内工资差距的影响上多不显著，且经 Hasuman 检验固定效应和该工具变量的分析后，发现固定效应的分析优于工具变量的分析，表明全要素生产率本身并不是内生变量，其与行业内工资差距并不存在互为因果的关系，采用固定效应的分析是稳健的。

同时，为进一步检验核心解释变量分析结果的稳健性，将该 1995 ~ 2009 年中的 39 个国家依据 2017 年世界银行对不同国家收入分类的标准，人均国民年收入大于 12235 美元的为高收入国家，在 1006 ~ 12235 美元之间的为中等收入国家，低于 1005 美元的为低收入国家，据此测算出 2013 年版 WIOD 数据库中的保加利亚、巴西、中国、印度尼西亚、印度、墨西哥、罗马尼亚、俄罗斯、土耳其等 9 个国家为中等收入国家，其他 30 个国家为高收入国家。同时，采用固定效应法进行了分不同收入国家的稳健性检验分析，结果如表 5 - 5 所示。

表 5 - 5　　　　　　　　跨国行业内部工资差距稳健性检验结果

因变量 （wage_gap）	（1） 高收入 国家	（2） 中等收 入国家	（3） 高收入 国家	（4） 中等收 入国家	（5） 高收入 国家	（6） 中等收 入国家	（7） 高收入 国家	（8） 中等收 入国家
gvc_pat	0.08 *** （0.03）	0.23 *** （0.03）	0.08 *** （0.03）	0.23 *** （0.03）	0.09 *** （0.03）	0.23 *** （0.03）	0.09 *** （0.03）	0.23 *** （0.03）
gvc_pos	0.03 （0.02）	0.20 *** （0.03）	0.02 （0.02）	0.20 *** （0.03）	0.02 （0.02）	0.20 *** （0.03）	0.02 （0.02）	0.19 *** （0.03）
lntfp	0 （0）	− 0.01 （0.01）	0 （0）	− 0.01 （0.01）	0 （0）	− 0.01 （0.01）	0 （0）	− 0.01 （0.01）
gvc_pat × lntfp			− 0.02 （0.02）	0.02 （0.03）			0.02 （0.04）	− 0.04 （0.04）
gvc_pos × lntfp					0.02 （0.02）	− 0.03 （0.03）	0.03 （0.03）	− 0.06 （0.04）
capin	0.01 （0.02）	− 0.02 （0.03）	0.01 （0.02）	− 0.02 （0.03）	0.01 （0.02）	− 0.02 （0.03）	0.01 （0.02）	− 0.02 （0.03）
laborin	− 0.02 （0.02）	0.10 （0.06）	− 0.02 （0.02）	0.10 （0.06）	− 0.02 （0.02）	0.09 （0.06）	− 0.02 （0.02）	0.09 （0.06）
_cons	0.45 *** （0.01）	0.45 *** （0.02）	0.44 *** （0.01）	0.45 *** （0.03）	0.44 *** （0.01）	0.46 *** （0.03）	0.44 *** （0.01）	0.46 *** （0.03）
国家效应	否	否	否	否	否	否	否	否
行业效应	是	是	是	是	是	是	是	是
年份效应	是	是	是	是	是	是	是	是
N	14974	4417	14974	4417	14974	4417	14974	4417
R^2	0.047	0.123	0.048	0.124	0.048	0.125	0.048	0.125

注：括号内为行业稳健聚类标准误。* 、** 、*** 分别表示 0.1、0.05、0.01 的显著性水平。

在方程（1）~方程（8）中，发现提升价值链参与度本身均会显著扩大不同收入国家行业内的工资差距，但对中等收入国家的影响明显大于对高收入国家的影响，表明提升价值链参与度本身更容易扩大中等收入国家行业内的工资差距，这可能与中等收入国家参与中间品外包后，较多地提升了高技能劳动力的就业需求有一定的关系；同时，发现提升价值链分工地位本身，会显著扩大中等收入国家行业内的工资差距，说明提升价值链分工地位虽然会提升中等收入国家整体行业的平均工资，但是也有可能会带来一定的负向作用，促使行业内就业技能结构发生变化，形成技能溢价的上升，扩大工资差距。全要素生产率对跨国行业内工资差距均有非显著的负向影响，表明在区分国家类型后，技术进步本身对不同国家行业内工资差距所起的作用，与整体国家所起的作用，存在一定的差异化。价值链分工的技术进步效应对行业内工资差距同时存在正向和负向的影响，就整体而言，高价值链参与度的技术进步效应，会对不同收入国家行业内部的工资差距产生作用方向相反的影响，而高分工地位的技术进步效应多会扩大高收入国家行业内部的工资差距，并缩小中等收入国家行业内部的工资差距，但并不显著。控制变量资本深化程度，会扩大高收入国家行业内部的工资差距，以及缩小中等收入国家行业内部的工资差距，但影响作用不显著；劳动者的就业性补偿支出比重，对高收入国家行业内的工资差距有非显著性的负向影响，但是对中等收入国家行业内工资差距有非显著性的正向影响，说明政府、企业对低技能劳动者的就业性补偿倾斜，在不同收入国家之间，存在一定的差异性影响。

为检验该结论，引入年份固定效应分析，由于在 2013 年版的 WIOD 数据库中，第一产业仅有农业一个行业，故采用混合回归法下的稳健标准误对其分析；而第二产业和第三产业有多个不同的行业，则采用固定效应法下的行业聚类稳健标准误对其分析，其稳健性检验结果，如表 5 - 6 所示。

表 5 - 6　　　　　　　跨国各产业内部工资差距稳健性检验结果

因变量 （wage_gap）	第一产业		第二产业		第三产业	
	高收入 国家	中等收入 国家	高收入 国家	中等收入 国家	高收入 国家	中等收入 国家
gvc_pat	0.09* (0.05)	-0.28** (0.12)	0.01 (0.02)	0.06 (0.04)	0.03* (0.02)	-0.05 (0.05)
gvc_pos	0.08 (0.07)	0.01 (0.08)	-0.01 (0.02)	0.05* (0.03)	0.04** (0.02)	-0.09** (0.04)
lntfp	-0.01 (0.01)	-0.01* (0)	0.01* (0)	0 (0.01)	0.01 (0.01)	-0.01 (0.01)
gvc_pat × lntfp	-0.08 (0.05)	0.13 (0.09)	0.03 (0.03)	0.06** (0.03)	-0.04 (0.03)	-0.11 (0.09)
gvc_pos × lntfp	-0.12** (0.05)	0.42** (0.16)	0.05 (0.03)	0.04 (0.04)	-0.01 (0.02)	-0.12 (0.09)
capin	0.06 (0.04)	-0.09 (0.14)	0.01 (0.01)	0.01 (0.02)	-0.01 (0.01)	-0.01 (0.01)
laborin	-0.02** (0.01)	-0.07* (0.04)	0 (0.02)	0.06 (0.05)	-0.01 (0.01)	0.06* (0.03)
_cons	0.47*** (0.02)	0.51*** (0.04)	0.42*** (0.01)	0.51*** (0.02)	0.42*** (0.01)	0.51*** (0.03)
国家/行业/ 年份效应	有	有	有	有	有	有
N	444	133	6544	1986	7986	2298
R²	0.856	0.967	0.814	0.813	0.564	0.517

注：括号内为稳健聚类标准误。*、**、***分别表示0.1、0.05、0.01的显著性水平。

通过对不同产业的分析，发现提升价值链参与度本身会显著扩大高收入国家第一产业和缩小中等收入国家第一产业内部的工资差距，由于高收入国家的第一产业技术相对密集，全球价值链分工下的外包性生产和服务，能使发达国家自身更专注于具有优势性的精细化农业和绿色农业领域，通过提高高技能劳动力的单位产出，而促使农业的技术工人相比非技术工人获得更高水平的工资；而中等收入国家农业劳动力技能普遍低下，在承接国外技术含量相对较低的农产品种植和其他非种植性的农产品外包后，能极大刺激低技能工人的就业，进而提升其工资水平，缩小与高技能劳动力之间的工资差距。提升价值链参与度本身，对第二产业和第三产业内部的工资差距，多会产生扩大的作用，特别是会显著扩大高收入国家第三产业内部的工资差距，由于高收入国家较多外包国内低端服务业至国外，促使低技能工人的就业需求下降，进而扩大了国内技能工资差距。提升价值链分工地位本身，对于中等收入国家而言，会显著扩大第二产业内部的工资差距，而缩小第三产业内部的工资差距，这与中等收入国家在价值链分工背景下，不断提升第二产业的出口国内增加值，强化自主创新，扩大对高技能人才的需求有一定的关系，而在第三产业，中等收入国家由于人口众多，通过较多地参与低技能的服务性外包业务，提升了对低技能工人的需求，进而缩小了行业内部的技能工资差距；但是对高收入国家而言，由于其较多地转移了国内的低端服务业，促使低技能工人的需求下降，进而扩大了行业内部的技能工资差距。提升全要素生产率本身，会显著降低中等收入国家第一产业内部工资差距，这与中等收入国家重视农业基础，通过技术进步提升农产品生产率，助推农业内部低技能工人就业有一定的关系；同时，会形成高收入国家第二产业内部工资差距的显著扩大，这与高收入国家劳动力技能的两极化趋势有一定的关系。通过全要素生产率的提升，一方面会促使高技能劳动者不断自我学习、提升技术应用能力，另一方面也促使部分难以适应新技术的低技能劳动者面临外部的冲击和内部淘汰的风险，因而促使技能工资差距不断扩大。高价值链参与度的技术进步效应，会形成中等收入国家第二产业内部工资差距的显著扩大，这与中等收入国家在提升价值链参与度过程中的自我技术革新，不断提升技术水平，进而扩大对高技能劳动力的需求有一定的关系；同时，高分工地位的技术进步效应，会形成高收入国家第一产业内部工资差距的显著缩小和第二产业内部工资差距的非显著性扩大，以及中等收入国家第一产业内部工资差距的扩大，该差异化现象表明高分工地位下，高收入国家对于出口国内间接增加值的增多和国外增加值的减少，会带来农业部门的利益让渡给工业部门，加速工业部门的高端技术化进程，进而形成农业和工业部门对不同技能劳动力需求的差异化现象，而对于中等收入国家，则由于自身产业结构的局限，较多地关注于农产品出口国内增加值的增多，而减少外部增加值的进入，因而需要通过内部高技能劳动力的研发投入，促使生产效率的提高，进而寻求高技能劳动力的进入，形成内部技能工资差距的扩大。同时，对劳动力的就业补偿支出多表现出了缩小不同收入国家不同产业内部工资差距的作用，且对不同中等收入国家的分行业存在差异化影响。

三、主要研究结论

本章节通过对跨国行业工资差距的分析，发现价值链分工和技术进步对不同国家行业之间，以及行业内部的工资差距存在一些差异化影响。在对不同国家行业间工资差距的影响上，提升价值链参与度本身，会通过更多地降低中等收入国家行业平均工资，扩大不同收入国家第二产业之间的工资差距；提升价值链分工地位本身，是通过更多地提升中等收入国家行业平均工资来缩小不同收入国家第二产业之间的工资差距，说明相比参与全球价值链，各国应提高价值链分工地位，特别是中等收入国家更应通过提升价值链分工地位，规避低端锁定效应，促进行业发展，缩小与高收入国家行业之间的工资差距。提升全要素生产率本身会通过更多地提升中等收入国家行业平均工资，形成不同收入国家同一产业之间工资差距缩小的作用，说明中等收入国家应积极提升全要素生产率水平，促进技术水平的上升，增厚行业收益，提高平均工资，缩小与高收入国家同一产业之间的工资差距。高价值链参与度的技术进步效应，在不同收入国家的不同产业之间多存在负向的影响，说明高收入国家通过中间品的外包，较难从外部市场获得技术溢出，进而提升生产率，促进行业收益的上升和工资水平的提高，而中等收入国家依赖简单地参与全球价值链，限于低端锁定状态，也较难以产生溢出性技术进步水平，进而提升行业收益，形成跨国行业间工资差距的缩小；高价值链分工地位的技术进步效应，其作用相比高参与度的技术进步效应更积极，说明应该不断提升价值链分工地位，通过技术水平的升级，进而提升行业平均工资，缩小与高收入国家行业间的工资差距。对劳动力的就业补偿会通过更多地提升中等收入国家行业的平均工资，形成不同收入国家同一产业间工资差距的缩小，说明中等收入国家应积极提升对低技能劳动力的就业补偿，提升其技术能力，缩小与高收入国家之间的工资差距。因此，从整体上分析，各国应通过积极参与全球价值链，提升价值链分工地位，嵌入价值链中高端环节的生产，扩大与外部世界的贸易范围，积极发挥价值链分工的技术进步效应，提升行业平均工资水平；特别是中等收入国家应积极提升技术研发水平，鼓励不同层次技术的生成和应用，以提升整体技术水平，同时扩大对不同技能劳动力的就业补偿，调动劳动者的积极性，吸引高技能劳动力的回流，缩小与高收入国家行业间的工资差距。

在对不同收入国家行业内工资差距的影响上，提升价值链参与度本身会显著扩大不同收入国家整体行业内部的工资差距，但相比高收入国家价值链参与度的提升本身会扩大第一产业和第三产业内部工资差距，中等收入国家提升价值链参与度本身会显著缩小第一产业内部工资差距；提升价值链分工地位本身，会显著扩大中等收入国家第二产业和高收入国家第三产业内部的工资差距，并显著缩小中等收入国家第三产业内部的工资差距，形成对不同产业内部工资差距的差异化影响。提升全要素生产率本身，则起到了缩小不同收入国家整体行业内工资差距的作用，但在不同的产业上存在一些差异化作用；同时，高价值链参与度的技术进步效应，会显著扩大中等收入国家第二产业内部工资差距的作用，而高分工地位的技术进步效应会显著缩小高收入国家第一产业内部的工资差距，并显著扩大中等收入国家第一产业内部工资差距的作用，且对其他产业内部工资差距的影响也有所不同，说明价值链分工的技术进步效应，在不同收入国家的不同产业内部，存在着极大的差异化影响。

　　通过本章节对跨国行业间和行业内工资差距影响的分析，发现一些价值链分工指标针对行业间工资差距和行业内工资差距的影响方向并不一致，对于这些影响因素对不同国家行业间和行业内工资差距的非一致性作用，应辩证地看待，各国如何合理地缩小行业间工资差距或行业内工资差距，应更多地结合本国经济发展的目标以及社会经济发展的现实，当行业间工资差距过大时，应侧重于缩小行业间工资差距；当行业内工资差距过大时，则应侧重于缩小行业内工资差距；当行业间与行业内工资差距均过大时，则应视行业发展的均衡性状态，在调节行业间工资差距的同时，适当缩小行业内的工资差距。总之，各国行业工资差距的产生，有一定的社会经济历史条件，应结合各国自身发展的社会经济调节，而不能盲目行动。

第六章　全球价值链分工、技术进步对中国行业工资差距影响的实证分析

本章通过结合价值链分工、技术进步的相关指标，首先对中国制造业分行业的工资差距进行分析，在对整体制造业行业划分为不同技术行业展开分析行业间工资差距和行业内工资差距的基础上，得出了一些较有意义的结论；其次通过门槛回归的分析结果发现，在价值链分工地位的门槛值两侧时，技术进步均能起到显著缩小行业内工资差距的作用，但是在门槛值左侧时，所起的作用更大；最后总结出针对行业间工资差距的缩小和行业内工资差距的缩小，应视不同技术行业的特点而定。

第一节
计量模型的建立

限于中国服务业工资数据的缺失，本章从中国制造业分行业的角度来分析行业间和行业内的工资差距，采用不同分行业平均工资与制造业整体行业平均工资的比值来衡量行业间的工资差距，采用分行业内部熟练技术工人工资与非熟练技术工人工资的差距来衡量行业内的工资差距。基于此，从价值链分工、技术进步相结合的视角来分析其对行业工资差距的影响，所构造的

计量模型如下:

$$gapwage_{it} = \alpha + \beta_i \times gvc_{it} + \gamma_i \times \ln(patent_{it}) + \eta_i \times gvc_{it} \times \ln(patent_{it})$$
$$+ \phi_i \ln(control_{it}) + \lambda_i + \mu_t + \varepsilon_{it} \qquad (6-1)$$

$$\ln(techwage_{it}) = \alpha' + \beta'_i \times gvc_{it} + \gamma'_i \times \ln(patent_{it}) + \eta'_i \times gvc_{it} \times \ln(patent_{it})$$
$$+ \phi'_i \ln(control_{it}) + \lambda'_i + \mu'_t + \varepsilon'_{it} \qquad (6-2)$$

式（6-1）中 $gapwage_{it}$ 表示行业间的工资差距；式（6-2）中 $\ln(techwage_{it})$ 表示行业内的工资差距。gvc_{it} 表示价值链分工指标，其具体包括价值链参与度 gvc_pat_{it}，价值链分工地位 gvc_pos_{it} 等指标。$\ln(patent_{it})$ 表示专利申请数量，用以衡量技术进步的程度。$gvc_{it} \times \ln(patent_{it})$ 表示价值链分工的技术进步效应。$\ln(control_{it})$ 表示控制变量，其中包括出口国内增加值占分行业产出值份额 $expshare_{it}$；进口国外增加值占分行业产出值份额 $impshare_{it}$；各分行业产品的价格指数 $\ln(price_{it})$，实际有效汇率指数 $\ln(REER_{it})$。由于上述价值链分工指标中有些数据为负值，故均未做对数化处理；控制变量中 $expshare_{it}$、$impshare_{it}$ 等变量均为百分数，也未采用对数化处理；而 $\ln(patent_{it})$、$\ln(REER_{it})$ 和 $\ln(price_{it})$ 均采用了对数化处理。λ_i、μ_t 分别表示行业固定效应和时间固定效应，ε_{it} 表示随机效应。针对不同行业之间的转换，由于涉及 WIOD 数据库和《中国劳动统计年鉴》《中国科技统计年鉴》以及其他国内外数据库，因此需将 WIOD 数据库中的行业与国内统计年鉴中的行业进行对应比较，具体如表 6-1 和表 6-2 所示。

表 6-1　　　　**WIOD 数据库（2016 年版）中制造业分行业代码**

行业	内容
r5	食品、饮料及烟草制造业
r6	纺织服装及皮革制造业
r7	木材制造及木材和软木产品制造业，家具产品除外
r8	纸及纸产品制造业
r9	印刷和记录媒介的复制业

续表

行业	内容
r10	石油及煤炭产品制造业
r11	化学品及化工产品制造业
r12	基本医药产品和医药制剂制造业
r13	橡胶及塑料制品制造业
r14	其他非金属矿物制品制造业
r15	基本金属制造业
r16	金属制品业，机械设备除外
r17	计算机、电子和光学产品制造业
r18	电气设备制造业
r19	机械设备制造业
r20	汽车、拖车和半拖车制造业
r21	其他运输设备制造业
r22	家具制造业；其他制造业
r23	机械设备的维修及安装业

表 6 - 2　　　　**国内相关统计年鉴与 WIOD 数据库（2016 年版）**

中制造业分行业匹配关系

行业	内容
r5	农副食品加工业、食品制造业，酒、饮料和精制茶制造业，烟草制品业
r6	纺织业，纺织服装、服饰业，皮革、毛皮、羽毛及其制品和制鞋业
r7	木材加工和木、竹、藤、棕、草制品业
r8	造纸和纸制品业
r9	印刷和记录媒介复制业
r10	石油加工、炼焦和核燃料加工业
r11	化学原料和化学制品制造业，化学纤维制造业
r12	医药制造业
r13	橡胶和塑料制品业
r14	非金属矿物制品业

行业	内容
r15	黑色金属冶炼和压延加工业，有色金属冶炼和压延加工业
r16	金属制品业
r17	计算机、通信和其他电子设备制造业，仪器仪表制造业
r18	电气机械和器材制造业
r19	通用设备制造业，专用设备制造业
r20	汽车制造业
r21	铁路、船舶、航空航天和其他运输设备制造业
r22	家具制造业，文教、工美、体育和娱乐用品制造业，其他制造业，废弃资源综合利用业
r23	金属制品、机械和设备修理业

第二节
变量测算与数据说明

本章节采用了不同的方法测算被解释变量和解释变量，具体说明如下：

行业间工资差距 $gapwage_{it}$。作为被解释变量，通过采用制造业分行业平均工资与制造业整体行业平均工资的比值来衡量。其中制造业分行业的平均工资，采用《中国劳动统计年鉴》中历年分行业城镇单位就业人员的平均工资数据来核算，并参考 WIOD 数据库的行业进行分类后，加总计算出不同行业的平均工资；制造业整体行业的平均工资，数据来源于国家统计局中城镇单位制造业就业人员的平均工资。限于数据的可获得性，计算了 2003～2014 年不同制造业分行业的平均工资和制造业整体行业的平均工资，如图 6-1 所示。

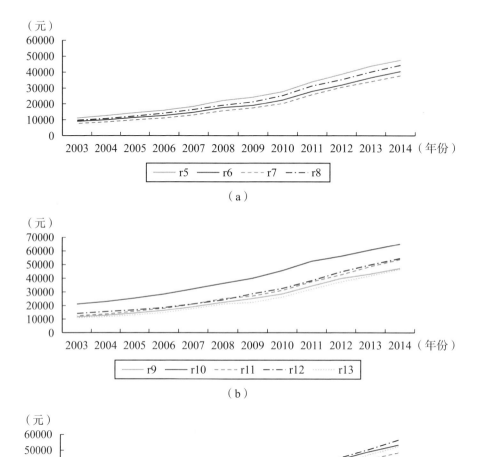

（a）

（b）

（c）

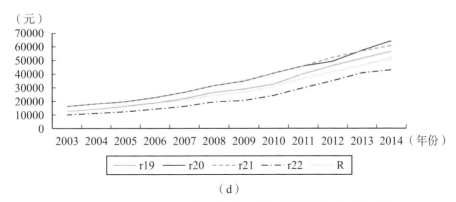

（d）

图 6 - 1　2003 ~ 2014 年中国制造业分行业及整体行业平均工资

注：横轴表示年份，纵轴表示金额，单位为元人民币。其中 r5 ~ r22 行业与前述表 6 - 1 和表 6 - 2 中的行业相对应，R 行业为制造业整体行业。

行业内工资差距 $\ln(techwage_{it})$。作为被解释变量，在行业内工资差距的衡量上，本章采用行业内熟练技术工人平均工资与行业内非熟练技术工人平均工资的比值乘以 100 来衡量，该数据来源于《中国劳动统计年鉴》和《中国科技统计年鉴》，在参考 WIOD 数据库的行业进行分类后，并据此计算出 2003 ~ 2014 年制造业不同细分行业内的工资差距，如图 6 - 2 所示。

价值链贸易影响因素 gvc_{it}。作为解释变量，其中包括价值链参与度 gvc_pat_{it}，以衡量价值链分工的参与程度；价值链分工地位 gvc_pos_{it}，以衡量价值链分工的地位状况，其均采用 WIOD 数据库中 2003 ~ 2014 年的原始数据，依照前述第四章第一节中价值链指标的各相关公式计算得出。

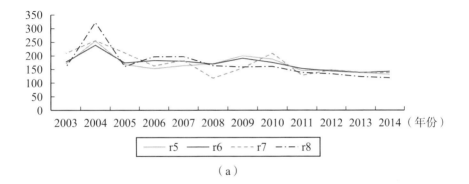

（a）

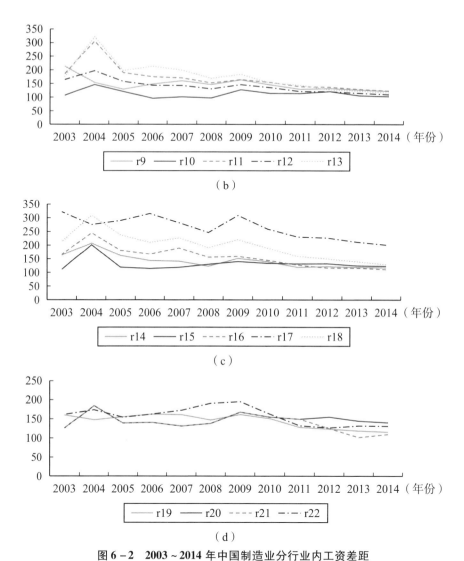

图 6 - 2　2003 ~ 2014 年中国制造业分行业内工资差距

注：横轴表示年份，纵轴表示熟练技术工人与非熟练技术工人工资差距的程度，采用其不同工人平均工资的比值乘以 100 来衡量。

专利申请 $\ln(\text{patent}_{it})$。作为解释变量，在衡量技术进步的表现因素中，专利申请因其隐含的技术发展的动态性，故比专利获得能更好地反映技术进步的发展方向，该数据来源于《中国科技统计年鉴》。

控制变量的影响因素 $\ln(\text{control}_{it})$，包括出口国内增加值占分行业产出值份额 expshare$_{it}$、进口国外增加值占分行业产出值份额 impshare$_{it}$，该数据中增加值及分行业的产出值数据，均来源于 2016 年更新的 WIOD 数据库，其时间长度为 2003～2014 年；分行业产品的价格指数 ln(price$_{it}$)，以各分行业出厂价格指数的对数化来衡量，假定 2003 年的各分行业产品的价格为 100；实际有效汇率指数 ln(REER$_{it}$)，其测算方法参照黄繁华和徐国庆（2017）构建的几何平均数 $REER_{it} = \prod_{i=1}^{N} \left(e_{it} \times \frac{P_t^*}{P_t} \right)^{W_{it}}$，其中 REER$_{it}$ 为 i 行业 t 年的实际有效汇率，e$_{it}$ 为测算国与参照国 i 行业 t 年的名义汇率，P$_t$、P$_t^*$ 分别表示 t 年参照国与测算国的物价水平，$\frac{P_t^*}{P_t}$ 表示 t 年测算国相对于参照国的价格水平，该名义汇率数据来自世界银行，物价水平数据来源于国际清算银行。$W_{it} = \left(\frac{\sum_{i=1}^{N} VX_{it}}{\sum_{i=1}^{N} VX_{it} + \sum_{i=1}^{N} VM_{it}} \right) \times W_{it}^X + \left(\frac{\sum_{i=1}^{N} VM_{it}}{\sum_{i=1}^{N} VX_{it} + \sum_{i=1}^{N} VM_{it}} \right) \times W_{it}^M$ 为权重指数，其中 VX$_{it}$、VM$_{it}$ 分别表示 i 行业 t 年测算国出口到参照国的国内增加值、自参照国进口的国外增加值，W$_{it}^X$ 表示 i 行业 t 年测算国出口到参照国的国内增加值占测算国出口到所有国家的国内增加值的比重，W$_{it}^M$ 表示 i 行业 t 年测算国进口自参照国的国外增加值占本国进口自所有国家的国外增加值的比重，该数据来源于 WIOD 数据库，其中测算国在这里指的是中国，参照国来自 WIOD 数据库中的 19 个欧元区成员国①以及另外 11 国②。当计算分行业的实际有效汇率时，其指数部分的权重则使用相应分行业的贸易增加值数据。假定 2003 年各分行业的实际有效汇率指数为 100，其他年份的实际有效汇率指数则在此基础上变化。鉴于 WIOD 数据库中制造业的 r23 行

---

① 在 2016 年底更新的 WIOD 数据库中，涉及的欧元区成员国为奥地利、比利时、塞浦路斯、德国、爱沙尼亚、芬兰、立陶宛、法国、希腊、爱尔兰、意大利、卢森堡、拉脱维亚、马耳他、荷兰、葡萄牙、西班牙、斯洛伐克、斯洛文尼亚 19 国。

② 参照国涉及的另外 11 国，分别为澳大利亚、巴西、加拿大、英国、印度尼西亚、印度、日本、韩国、墨西哥、俄罗斯、美国。

业"机械设备的维修及安装业"的中国数据均为 0，故在行业的选取上，均选取了 WIOD 数据库中 r5 ~ r22 这 18 个行业，并将国内相应数据库中的行业与之对应归并，同时选择了 2003 ~ 2014 年的其他截面数据进行分析。

关于各主要变量的描述性统计结果，具体如表 6 - 3 所示。

表 6 - 3　　　　　　　　　　　主要变量描述性统计结果

变量性质	变量名称	变量统计			
		最小值	最大值	均值	标准差
因变量	行业间工资差距 gapwage	0.609	1.670	0.998	0.220
	行业内工资差距 ln(techwage)	4.564	5.785	5.056	0.253
解释变量	价值链参与度 gvc_pat	0.095	0.864	0.346	0.162
	价值链分工地位 gvc_pos	−0.372	0.294	−0.064	0.120
	专利申请 ln(patent)	0.008	0.122	0.052	0.030
控制变量	出口国内增加值占产出比 expshare	0.012	0.616	0.116	0.115
	进口国外增加值占产出比 impshare	0.015	0.486	0.099	0.083
	产品价格指数 ln(price)	4.427	4.790	4.620	0.047
	实际有效汇率指数 ln(REER)	3.748	6.615	4.747	0.440

第三节
实证分析

一、基准回归分析

考虑到部分行业的工资差距、价值链指标、技术进步指标及控制变量的水平相近且联系紧密，故先采用 demean 法来缓解不同界面之间的相关性，然后对短面板数据进行 LLC 检验，经过检验后，发现所选取的变量在此设定下多是平整序列。在分析的过程中，考虑到不同行业的技术性特点不同，依据国家统计局于 2013 年发布的对高技术制造业的分类规定，将化学品及化工产品制造业、基本医药产品和医药制剂制造业、计算机及电子和光学产品制造业、电气设备制造业、机械设备制造业以及其他运输设备制造业等 6 个细分行业设定为高技术制造业，而其他制造业设定为中低技术制造业。根据该面板数据的特点，在对交乘项数据进行去中心化处理后，首先进行稳健的混合最小二乘回归（Pooled OLS），其分析结果如表 6 - 4 所示。

表 6 - 4　　　　　　　　　　　　Pooled OLS 估计结果

变量	因变量 gapwage			因变量 ln(techwage)		
	（1）全样本行业	（2）高技术行业	（3）中低技术行业	（4）全样本行业	（5）高技术行业	（6）中低技术行业
gvc_pat	0.85 *** (0.12)	- 0.12 (0.09)	0.99 *** (0.15)	0.07 (0.19)	0.61 *** (0.14)	- 0.26 (0.18)
gvc_pos	- 0.53 *** (0.14)	- 0.87 *** (0.15)	0.00 (0.23)	- 1.19 *** (0.29)	- 1.31 * (0.52)	- 1.01 *** (0.28)
ln(patent)	0.04 *** (0.01)	0.05 *** (0.01)	0.04 *** (0.01)	- 0.06 *** (0.01)	- 0.14 *** (0.03)	- 0.06 *** (0.02)
gvc_pat × ln(patent)	- 0.26 *** (0.06)	0.13 ** (0.05)	- 0.23 *** (0.07)	0.18 (0.13)	- 0.06 (0.12)	0.07 (0.13)
gvc_pos × ln(patent)	0.38 *** (0.09)	0.66 *** (0.11)	0.56 *** (0.17)	- 0.39 *** (0.12)	- 1.13 ** (0.39)	- 0.36 (0.20)
expshare	0.05 (0.11)	- 0.03 (0.10)	- 0.01 (0.12)	0.17 (0.10)	0.36 (0.24)	0.16 (0.11)
impshare	0.09 (0.22)	0.04 (0.22)	0.07 (0.23)	- 0.26 ** (0.12)	0.05 (0.34)	- 0.28 * (0.15)
ln(price)	0.07 ** (0.03)	0.01 (0.05)	0.06 * (0.03)	- 0.26 * (0.13)	0.95 (0.48)	- 0.33 ** (0.12)
ln(REER)	- 0.24 ** (0.09)	- 0.66 *** (0.13)	- 0.09 (0.12)	- 0.12 *** (0.04)	- 0.23 (0.15)	- 0.08 (0.05)
_cons	1.14 *** (0.42)	3.63 *** (0.49)	0.44 (0.54)	7.23 *** (0.66)	2.58 (1.91)	7.45 *** (0.76)
N	216	72	144	216	72	144
R^2	0.443	0.583	0.536	0.516	0.775	0.431

注：括号内的数值为稳健标准误。＊、＊＊、＊＊＊分别表示显著性水平为 0.1、0.05、0.01。

　　在该 Pooled OLS 回归中，发现提升价值链参与度本身对不同技术行业的作用并不完全显著，但会显著扩大全样本行业之间以及中低技术行业之间的工资差距；而提升价值链分工地位本身，会显著缩小全样本行业之间以及高技术行业之间的工资差距。提升专利申请本身，会扩大全样本行业之间，以及同一技术行业之间的工资差距，这与我国制造业行业的发展不断成熟有一定的关系，在我国不断提升技术进步水平的大背景下，不同行业的生产率水平得以不断提升，但对不同行业的影响有所差异，会促进行业之间工资差距的扩大。价值链分工的技术进步效应对行业间工资差距的影响差异较大。

　　在对行业内工资差距的影响上，提升价值链参与度本身会带来高技术行业内工资差距的显著扩大，提升价值链分工地位本身则会带来全样本行业及其不同技术行业内部工资差距的缩小，专利申请本身和高价值链分工地位的技术进步效应，则均会形成全样本行业和高技术行业内部工资差距的显著缩小。

　　鉴于该 Pooled OLS 分析法下，将各年数据混合在一起作为线性回归，未能充分考虑行业和时间因素所存在的固定效应，因此其分析结果可能不完全稳健。在经 Hausman 检验混合回归结果和固定效应的回归结果后，发现拒绝原假设，因此固定效应的分析结果更稳健；同时，进一步引入行业聚类稳健标准误的固定效应和随机效应分析不同解释变量对被解释变量的影响；考虑到各行业间的时间固定效应和行业固定效应情形，故在生成趋势变量的情况下，采取了行业聚类的稳健分析方法，借助虚拟变量最小二乘法（LSDV 法）估计双向固定效应模型，经过对非稳健分析的固定效应和随机效应的检验后，发现在行业间工资差距方程和行业内工资差距方程上，固定效应的分析结果均优于随机效应，因此列出了该固定效应的分析结果，具体如表 6 -5 所示。

表 6 - 5　　　　　　　　　　固定效应分析结果

变量	因变量 gapwage			因变量 ln(techwage)		
	(1) 全样本行业	(2) 高技术行业	(3) 中低技术行业	(4) 全样本行业	(5) 高技术行业	(6) 中低技术行业
gvc_pat	- 0.58 *** (0.19)	- 1.98 *** (0.35)	- 0.49 ** (0.16)	0.52 (0.49)	- 3.05 ** (0.89)	0.48 (0.50)
gvc_pos	0.41 (0.27)	- 1.59 *** (0.33)	0.44 * (0.21)	- 0.91 (0.56)	- 3.59 *** (0.81)	- 0.80 (0.68)
ln(patent)	0.05 * (0.02)	0.07 *** (0.02)	0 (0.02)	- 0.07 * (0.04)	0.05 (0.06)	- 0.11 ** (0.04)
gvc_pat × ln(patent)	- 0.22 *** (0.05)	- 0.14 *** (0.02)	- 0.21 ** (0.08)	0.02 (0.10)	- 0.29 * (0.13)	0.04 (0.14)
gvc_pos × ln(patent)	0.25 *** (0.06)	- 0.02 (0.13)	0.27 * (0.12)	- 0.05 (0.09)	- 0.40 (0.29)	- 0.10 (0.16)
expshare	0 (0.06)	- 0.09 (0.06)	0.04 (0.05)	0.13 (0.10)	0.20 (0.30)	0.05 (0.09)
impshare	0.13 ** (0.05)	0.12 (0.08)	0.02 (0.04)	- 0.20 (0.16)	- 0.11 (0.36)	- 0.28 * (0.14)
ln(price)	0.02 (0.02)	0.06 ** (0.02)	0.03 (0.02)	0.03 (0.17)	- 0.26 (0.46)	- 0.07 (0.30)
ln(REER)	- 0.05 (0.09)	0.44 * (0.18)	- 0.21 * (0.09)	- 0.02 (0.05)	- 0.06 *** (0.01)	0.01 (0.06)
_cons	- 0.58 *** (0.19)	- 1.98 *** (0.35)	- 0.49 ** (0.16)	5.34 *** (0.77)	6.88 ** (2.09)	5.85 *** (1.24)
行业效应	有	有	有	有	有	有
年份效应	有	有	无	有	有	有
N	216	72	144	216	72	144
R²	0.994	0.998	0.994	0.690	0.825	0.683

注：括号内的数值为稳健聚类标准误。＊、＊＊、＊＊＊分别表示显著性水平为 0.1、0.05、0.01。

考虑到在引入行业效应和时间效应后，因变量既要受到行业特定因素，如行业参与贸易的状况及技术水平的特点，又要受到时间因素，如不同年份的外部冲击等情况的影响，因此其影响可能相比前述混合回归方法下的影响作用更为复杂。

在该固定效应分析法下，提高价值链参与度本身会缩小全样本行业及同一技术行业之间的工资差距，说明在考虑到行业因素和年份因素后，提升价值链参与度对中低技术行业的影响更为积极，这与中低技术行业的技术门槛较低以及基准工资水平较低，有一定的关系。提高价值链分工地位本身，会形成高技术行业之间工资差距的缩小、中低技术行业之间工资差距的扩大，以及高技术行业与中低技术行业之间工资差距的缩小，这可能与出口国外增加值减少的情况下，会相对有利于中低技术行业的发展，使其通过内部扩大生产的补偿机制，促进低技术含量产品的大量生产出口，进而促进部分低技术行业工人工资水平的提升，最终形成与高技术行业之间工资差距的缩小。专利申请的增加，会扩大全样本行业及高技术行业之间的工资差距；同时发现，价值链分工的技术进步效应中，参与度高的技术进步效应会缩小全样本行业之间及同一技术行业之间的工资差距，说明高价值链参与度所形成的技术进步效应，通过开展中间品外包下的技术学习和模仿等技能提升效应，进而会有利于技术水平相对较低的行业，缩小同一技术行业之间的工资差距；而高分工地位的技术进步效应，会通过减少出口中所蕴含的国外增加值，提升本国的增加值，倒逼本国的技术创新，助推部分中低技术行业加大技术研发投入，而另一部分中低技术行业则限于低端锁定，这会形成全样本行业及中低技术行业之间工资差距的扩大。

在对行业内部工资差距的影响上，发现提升价值链参与度和分工地位本身，会显著缩小高技术行业内部的工资差距，原因在于高技术行业通过不断吸引中低技术工人就业，增强出口中的国内间接增加值，进而有利于行业出口收益和中低技术工人工资水平的上升，缩小行业内部的工资差距。同时，技术进步本身和价值链分工的技术进步效应，也多会缩小不同技术行业内部的工资差距，这与价值链分工背景下，技术进步促使我国低技能劳动力的自我学习与提升有很大的关系，低技能劳动力不断提升技能水平，在参与价值链分工的开放性包容环境下，获得就业机会和工资水平的极大提升，进而缩小行业内部的工资差距。同时发现，进口国外增加值占产出比重的增加，会显著缩小中低技术行业内部的工资差距，说明在价值链分工下，一定程度上的进口，有利于提升低技能劳动力的就业，缩小与高技能劳动力之间的工资差距。

二、稳健性检验

在行业间工资差距方程上，考虑到专利申请可能为内生变量，且数据量较少的特点，若直接进行 GMM 法检验估计，则面临工具变量过多造成的弱可识别问题；因此，选取专利申请及其交乘项的滞后期作为工具变量，采用面板工具变量法（IV 法）进行分析，在全行业及高技术行业上考虑了年份效应，而在中低技术行业上由于并不存在明显的年份效应，因此没有考虑，具体结果如表 6-6 所示。通过该 IV 法的估计，发现提升价值链参与度本身，会显著降低全样本行业之间及不同技术行业之间的工资差距，而提升价值链分工地位本身，则仅会形成高技术行业之间工资差距的缩小；提升专利申请本身，会形成全样本行业之间及高技术行业之间工资差距的扩大；高价值链参与度的技术进步效应，会形成全样本行业及不同技术行业之间工资差距的缩小；而高分工地位的技术进步效应，则会形成全样本行业之间及中低技术行业之间工资差距的扩大，说明部分中低技术行业的技术进步效应并不明显，会扩大与其他中低技术行业之间的工资差距，进而形成全样本行业之间工资差距的扩大。就整体而言，该分析方法与前述固定效应的分析是一致的，说明前述固定效应的分析是稳健的。

表 6 – 6　　　　　　　　　　　　　稳健性检验结果

变量	因变量 gapwage – 面板 IV 法			因变量 ln(techwage) – 面板中位数回归		
	(1) 全样本行业	(2) 高技术行业	(3) 中低技术行业	(4) 全样本行业	(5) 高技术行业	(6) 中低技术行业
gvc_pat	− 0.62 *	− 1.60 ***	− 0.61 **	0.74	− 1.48 ***	0.58
	(0.33)	(0.52)	(0.30)	(0.66)	(0.24)	(0.46)
gvc_pos	− 0.11	− 0.88 *	0.48	− 0.66	− 3.93 *	− 0.54
	(0.34)	(0.51)	(0.38)	(0.76)	(1.65)	(0.55)
ln(patent)	0.21 **	0.20 ***	− 0.02	− 0.09 **	− 0.12	− 0.09 ***
	(0.08)	(0.05)	(0.02)	(0.03)	(0.68)	(0.03)
gvc_pat × ln(patent)	− 0.40 ***	− 0.21 **	− 0.27 **	0.12	0	0.13
	(0.10)	(0.09)	(0.11)	(0.16)	(2.19)	(0.14)
gvc_pos × ln(patent)	0.24 **	0.26	0.36 **	− 0.08	− 0.39	− 0.13
	(0.10)	(0.28)	(0.15)	(0.20)	(4.04)	(0.17)
expshare	− 0.04	− 0.12 **	0.04	0.24	0.35	0.21
	(0.05)	(0.06)	(0.04)	(0.21)	(2.31)	(0.17)
impshare	0.11	0.06	0.05	− 0.28	− 0.18	− 0.26
	(0.12)	(0.17)	(0.06)	(0.32)	(3.76)	(0.24)
ln(price)	0.02	0.04	0.03	− 0.04	− 0.33	− 0.06
	(0.02)	(0.06)	(0.02)	(0.34)	(5.80)	(0.26)
ln(REER)	0.09	0.13	− 0.14	− 0.08	− 0.17	− 0.07
	(0.11)	(0.27)	(0.14)	(0.07)	(1.16)	(0.05)
_cons	− 0.88	− 0.98	1.85 ***			
	(1.08)	(0.79)	(0.46)			
N	198	66	132	216	72	144
R^2	0.1792	0.3406	0.5408			

注：括号内为稳健聚类标准误。* 、** 、*** 分别表示 10% 、5% 、1% 的显著性水平。

在行业内工资差距方程的分析中，选取的是包含固定效应的面板分位数回归法进行稳健性检验，其中为比较的客观性，选取的是 50 分位数水平下的回归，具体回归结果如表 6 – 6 所示。发现提升价值链参与度和分工地位木身，均会起到缩小高技术产业内部工资差距的作用，而提升专利申请也会起到缩小全样本行业和中低技术行业内部工资差距的作用，就整体而言，在全样本行业和中低技术行业下，该面板中位数回归对行业内工资差距影响的结论和固定效应的结论是一致的。通过该分析，说明在价值链分工不断发展的背景下，我国各行业应积极提升价值链分工地位，引导技术进步的发展方向和路径，形成价值链分工的技术进步效应，增强技术的增值能力，努力获取高额回报，提升行业的发展水平和就业吸纳能力，适当缩小不同行业之间的工资差距，并缩小同一行业内部的工资差距。

三、基于门槛模型的再分析

为检验在一定条件下的价值链分工，所引起的技术进步对工资差距的作用，因此，选取了门槛模型继续分析。

（一）门槛模型的说明

在经济发展过程中，通常伴随着当某个特定的经济参数积累到一定程度后，会引起另外一个经济参数突然转向其他形式的发展现象，这种结构突变的现象，通常称作门槛效应，而造成这种突变现象的临界值称为门槛值。例如，发展外贸或引进外资可能带来一定的技术进步效应，在一定限度内的外贸水平或外资引进，可能并不会带来技术进步效应，但是当突破临界值时，则可能会形成较为明显的技术进步效应，此种类型的模型一般称为门槛模型。常见的门槛面板模型，可表示成门槛回归（threshold regression）的形式，具体如下所示：

$$y_{it} = \begin{cases} \mu_i + \beta_1' x_{it} + \varepsilon_{it}, & \text{若 } q_{it} \leqslant \gamma \\ \mu_i + \beta_2' x_{it} + \varepsilon_{it}, & \text{若 } q_{it} > \gamma \end{cases} \qquad (6-3)$$

在式（6-3）中，q_{it} 即为门槛变量，其通常认为是解释变量的一部分，γ 即为待估计的门槛值，ε_{it} 为服从独立同分布的误差项。进一步，可将式（6-3）变化如下：

$$y_{it} = \mu_i + \beta'_1 x_{it} \times I(q_{it} \leqslant \gamma) + \beta'_2 x_{it} \times I(q_{it} > \gamma) + \varepsilon_{it} \qquad (6-4)$$

其中 I（·）为指标函数，可依据残差平方和（SSR）最小的原理对门槛值进行估计。

汉森（Hansen，1996）首次提出了时间序列下门槛自回归式（TAR）的估计和检验的方法，汉森（Hansen，1999）进一步介绍了包含个体固定效应的静态平衡面板数据的门槛回归模型，并据此进行了相关计量分析，其具体是采用滤去时间均值的方法以消除个体固定效应，再通过 OLS（最小二乘法）进行系数估计，且在有限样本的情况下，采取自举法（Bootstrap）通过重复取样，以提高门槛效应分析结果的显著性。由于在汉森（Hansen，1999）的模型中，解释变量中往往不能包含内生变量，故无法将该方法进一步扩展应用。坎纳和汉森（Caner and Hansen，2004）解决了解释变量可能为内生变量的问题，其研究了包含有内生解释变量和一个外生门槛变量的面板门槛模型，与静态面板门槛回归模型不同的是，在含有内生解释变量的面板门槛回归模型中，需要对内生变量进行处理，然后采用 2SLS 法（两阶段最小二乘法）或者 GMM 法（广义矩估计法）对内生解释变量和门槛变量进行估计。

（二）门槛模型的估计

在对门槛模型的估计中，一方面需要对门槛模型进行显著性检验和估计值的真实性检验，另一方面也要对不同门槛模型的估计值和斜率值进行准确估计。在本章节中，依据前述关于价值链分工、技术进步与工资差距的实证分析，考虑到变量的经济学意义，构建了以专利申请为核心解释变量，价值链分工地位为门槛变量的单门槛模型，以分析价值链分工在一定条件下，所引起的技术进步对行业间工资差距或行业内工资差距作用的变化，具体如下所示：

$$gapwage_{it} = \theta_1 \ln(patent_{it}) \times I(gvc\_pos_{it} \leqslant \eta) + \theta_2 \ln(patent_{it}) \times I(gvc\_pos_{it} > \eta)$$

$$+ \alpha_1 gvc\_pat_{it} + \alpha_2 gvc\_pos_{it} + \alpha_3 gvc\_pat_{it} \times lnpatent_{it}$$

$$+ \alpha_4 gvc\_pos_{it} \times \ln(patent_{it}) + control_{it} + \lambda_i + \mu_t + \varepsilon_{it} \quad (6-5)$$

$$\ln(techwage_{it}) = \theta'_1 \ln(patent_{it}) \times I(gvc\_pos_{it} \leqslant \eta)$$

$$+ \theta'_2 \ln(patent_{it}) \times I(gvc\_pos_{it} > \eta)$$

$$+ \alpha'_1 gvc\_pat_{it} + \alpha'_2 gvc\_pos_{it} + \alpha'_3 gvc\_pat_{it} \times lnpatent_{it}$$

$$+ \alpha'_4 gvc\_pos_{it} \times \ln(patent_{it}) + control'_{it} + \lambda'_i + \mu'_t + \varepsilon'_{it} \quad (6-6)$$

要求出式（6-5）和式（6-6）中的门槛值 η，可先采用赋值法对 η 取任意值 $\hat{\eta}$，随后采用 OLS 法估计各变量的回归系数，并计算不同方程的残差平方和 $S_1(\eta)$，在 η 的取值范围内，按照从小到大的顺序依次选定 $\hat{\eta}$，形成不同的 $S_1(\eta)$，其中使得 $S_1(\eta)$ 最小的 η 值即为门槛值 η^*，即有 $\eta^* = \mathrm{argmin}S_1(\eta)$。若方程为多门槛值，则需进一步确定不同的门槛值，其估计方法类似于单一门槛值的估计方法。

在估算出门槛值和不同变量回归系数的情况下，需要进一步对门槛效应的显著性进行检验，以检验门槛值下不同组模型估计的参数是否显著差异。构造单门槛条件下系数值估计的零假设为 H_0：$\theta_1 = \theta_2$，拉格朗日乘数检验（Largrange multiplier）值 $LM = \dfrac{(S_1(\eta) - S_1(\eta^*))}{\hat{\sigma}_1^2}$，因在原假设条件下，$\eta$ 值是不确定的，所以 LM 统计量可能并不服从 χ^2 分布，此时需要采用自抽样法（Bootstrap）模拟其可能存在的渐近分布，同时计算其对应的概率值 P，以检验其显著性。为进一步分析可能存在的双门槛效应，因此继续构建双门槛模型进行估计，通过对单门槛模型和双门槛模型的估计，其门槛效应的自抽样检验结果，如表 6-7 所示。

由表 6-7 检验的结果可知，在单门槛模型下，仅行业内工资差距方程中的门槛变量的 F 值检验结果显著；而双门槛模型下的 F 值检验结果均不显著，表明该核心解释变量并不适用于双门槛模型分析。表 6-8 报告了行业内工资差距方程中以价值链分工地位为门槛变量条件下的单门槛值及

95% 置信区间, 由于高技术行业数量较少, 导致进行门槛模型中的自抽样次数检验达不到基本要求, 故该门槛模型的分析仅有全样本组的参数估计结果, 具体如表 6-9 所示。

表 6-7　　　　　　　　　门槛效应自抽样检验结果

变量	单门槛检验		双门槛检验	
因变量	gapwage	ln(techwage)	gapwage	ln(techwage)
门槛变量	gvc_pos	gvc_pos	gvc_pos	gvc_pos
F 值	25.63	14.63*	9.92	5.01
P 值	0.185	0.060	0.372	0.620

注: *、**、*** 分别表示在 10%、5%、1% 的水平下显著; F 值和 P 值是设定栅格区间为 100, 自举抽样 (Bootstrap) 1000 次后得到的结果。

表 6-8　　　　　　　行业内工资差距方程单门槛值估计结果

因变量	核心解释变量	门槛变量	门槛值	95% 置信区间
ln(techwage)	ln(patent)	gvc_pos	0.1622	[0.1138, 0.1643]

表 6-9　　　　　　　行业内工资差距方程门槛模型参数估计结果

变量	系数	标准误	ln(techwage)	系数	标准误
gvc_pat	-0.050	(0.353)	ln(price)	0.087	(0.146)
gvc_pos	-1.255***	(0.411)	ln(REER)	-0.104**	(0.036)
gvc_pat × ln(patent)	0.031	(0.084)	ln(patent) (gvc_pos ≤ 0.1622)	-0.113***	(0.016)
gvc_pos × ln(patent)	-0.161	(0.102)	ln(patent) (gvc_pos > 0.1622)	-0.049**	(0.020)
impshare	-0.307**	(0.146)	_cons	5.973***	(0.517)
expshare	0.303***	(0.100)	N/R^2	216	0.508

注: *、**、*** 分别表示 10%、5%、1% 的显著性水平。

通过该估计结果可知，在行业内工资差距方程下，出口国内增加值占产出比重显著为正，说明其会扩大制造业全样本行业内的工资差距；价值链分工地位本身、进口国内增加值占产出比重、实际有效汇率均显著为负，表明其会缩小行业内工资差距；核心解释变量专利申请在门槛值左右两侧均显著为负，但是在门槛值右侧的负向影响程度明显小于左侧的影响程度，说明当价值链分工地位低于门槛值时，该技术进步本身的作用会更突出，能更好地起到缩小行业内工资差距的作用，这可能与我国制造业细分行业的全面发展与整体的逐步发展有一定关系，分工地位低的行业，技术进步更利于助推行业内部低技能层次劳动力获得技能水平的提升，扩大就业，进而更好地缩小与高技能层次劳动力之间的工资差距。

（三）主要结论

本章从中国制造业分行业的角度出发，实证分析了全球价值链分工、技术进步等因素对工资差距的影响。在对行业间工资差距的影响上，研究结论表明提升价值链参与度本身会显著缩小制造业全样本行业之间以及高技术行业之间、低技术行业之间的工资差距；而提升价值链分工地位本身，则会缩小高技术行业之间的工资差距；提升专利申请本身，则会扩大全样本行业之间及高技术行业之间的工资差距；高价值链参与度的技术进步效应，会缩小全样本行业及同一技术行业之间的工资差距；而高分工地位的技术进步效应，则会扩大全样本行业之间及中低技术行业之间的工资差距，说明部分中低技术行业的技术进步效应并不明显，会形成与其他中低技术行业之间工资差距的扩大，进而形成全行业之间工资差距的扩大。

在对行业内工资差距的影响上，发现提升价值链参与度本身会形成制造业全样本行业内部工资差距的非显著性扩大，而缩小高技术行业内部的工资差距，提升价值链分工地位本身则会形成制造业整体行业内工资差距的非显著性缩小以及高技术行业内部工资差距的缩小。技术进步本身也会形成制造业整体行业及中低技术行业内工资差距的缩小；价值链分工的技术进步效应中，高价值链参与度的技术进步效应，会形成高技术行业内工资差距的缩小，而高价值链分工地位的技术进步效应则会形成整体制造业行业内工资差距的缩小，但是并不显著。同时，通过门槛模型的分析，发现当价值链分工地位在门槛值两侧时，技术进步本身均能起到缩小行业内工资差距的作用，但是当低于门槛值时，其缩小行业内工资差距的作用会更大。

通过该章的分析，说明我国制造业应积极参与全球价值链，减少出口品的国外增加值，提升价值链分工地位，发挥价值链分工中积极的技术进步效应，增强技术增值能力，努力获取高额回报，提升行业的发展水平和就业吸纳能力，进而缩小行业间的工资差距，并形成行业内工资差距的缩小。同时，我国各行业应通过积极促进专利申请的增加，通过提升不同技术行业的生产效率，促进同一技术行业间工资差距的缩小，以及行业内工资差距的缩小；针对我国行业发展的现实，继续依托传统行业的低成本优势，发挥高价值链分工地位的技术进步效应，积极提升企业的盈利水平，促进劳动者工资水平的上升，并缩小行业内的工资差距。

最后，我国政府应通过积极引导行业技术进步的发展方向和层次，不断优化服务社会的路径，提升企业盈利水平，稳定商品价格指数和实际有效汇率指数，减少出口商品汇兑成本的上升风险，增厚行业的盈利能力，促进中低技术行业工资水平的提升，适当缩小不同技术行业之间的工资差距，并不断缩小行业内的工资差距。

第七章　全球价值链分工、技术进步对中国地区工资差距影响的实证分析

本章通过结合中国地区之间和地区内部工资差距的视角，从地区整体和分东、中、西部三大区域出发，分析了价值链分工、技术进步等因素的影响。在分析的过程中通过引入价值链分工的技术进步效应，以及其他控制变量，进行实证分析，发现了一些新的结论，并指出在缓解不同区域之间工资差距和缩小不同区域内部工资差距的对策上，应有所差别。

第一节　计量模型的建立

在衡量中国地区间的工资差距时，采用不同省份的平均工资与全国平均工资的比值来测算；在衡量地区内的工资差距时，采用地区内部熟练技术工人工资与非熟练技术工人工资的差距，即技能工资差距来测算。结合全球价值链分工和技术进步的视角对地区间和地区内工资差距的影响展开分析时，需要将地区的价值链分工因素和技术进步因素相结合，同时加入地区固定效应和时间固定效应分析；因此，所构建的计量模型如下所示：

$$bgapwage_{it} = \alpha + \beta \times gvcp_{it} + \gamma \times \ln(patent_{it}) + \eta \times gvcp_{it} \times \ln(patent_{it})$$

$$+ \phi \times control_{it} + \lambda_i + \mu_t + \varepsilon_{it} \qquad (7-1)$$

$$igapwage_{it} = \alpha' + \beta' \times gvcp_{it} + \gamma' \times \ln(patent_{it}) + \eta' \times gvcp_{it} \times \ln(patent_{it})$$

$$+ \phi' \times control_{it} + \lambda_i' + \mu_t' + \varepsilon_{it}' \qquad (7-2)$$

式（7-1）中 $bgapwage_{it}$ 表示各省级行政地区之间的工资差距。式（7-2）中 $igapwage_{it}$ 表示各省级行政地区内部的工资差距。$gvcp_{it}$ 表示价值链参与度，衡量的是各地区参与全价值链分工的程度。$\ln(patent_{it})$ 表示不同地区的专利申请量，以表征技术进步发展的直接表现结果；交乘项 $gvcp_{it} \times \ln(patent_{it})$ 表示参与全球价值链分工所带来的技术进步效应。$control_{it}$ 表示控制变量，具体包括平均教育水平 $\ln(aveedu_{it})$，衡量的是各地区一定时期内，社会人群接受教育的平均年限；人均国内生产总值 $\ln(pergdp_{it})$，衡量的是各地区人均产出的情况；财政支出水平 $\ln(fisexp_{it})$，衡量的是各地区政府在一定时期内，对各行各业中涉及国民经济发展的财政资金支出；CPI指数 cpi_{it}，衡的是各地区的通货膨胀水平。λ_i 表示省份效应，μ_t 表示时间效应，ε_{it} 表示随机干扰项的影响因素，其中下标 i 表示不同的省份，t 表示不同的时间。鉴于各变量数据的可获得性，选取的省份为我国的 31 个省、自治区和直辖市（除中国港澳台地区），时间长度为 2003~2014 年。

第二节
变量选取与数据说明

关于各变量的选取与数据的测算，具体说明如下：

地区间工资 $bgapwage_{it}$，被解释变量。采用的是各省、自治区、直辖市城镇单位在岗职工年平均工资与全国年平均工资的比值来衡量，该数据来源于《中国劳动统计年鉴》。

地区内工资差距 $igapwage_{it}$，被解释变量。采用的是各省、自治区、直辖市城镇单位制造业与农林牧渔业在岗职工的年平均工资之比（宋冬林等，2010）。由于制造业一般作为技术密集型行业，其在整体上代表了高技能劳动力的就业部门，而农林牧渔业通常作为劳动密集型行业，其在整体上代表的是低技能劳动力的就业部门，故其平均工资之比能反映地区内不同技能工人，即熟练技术工人与非熟练技术工人之间的工资差距，该数据来源于《中国劳动统计年鉴》。

价值链参与度 $gvcp_{it}$，解释变量。参考苏丹妮和邵朝对（2017）的分析思路，该计算公式为 $gvcp_{it} = \dfrac{\left(M_{it}^{P} + M_{it}^{O} \times \dfrac{X_{it}^{O}}{D_{it} + X_{it}^{O}}\right)}{X_{it}} = \dfrac{\left(M_{it}^{P} + \dfrac{M_{it}^{O}}{1 + \dfrac{D_{it}}{X_{it}^{O}}}\right)}{X_{it}}$，其中 $gvcp_{it}$ 表示 i 地区 t 年的价值链参与度，M_{it}^{P} 表示 i 地区 t 年加工贸易项下的实际中间品进口额，M_{it}^{O} 表示 i 地区 t 年一般贸易项下的中间品进口额，D_{it} 表示 i 地区 t 年的国内销售额，X_{it}^{O}、X_{it} 分别表示 i 地区 t 年一般贸易项下的出口额和整体的出口额。由于加工贸易项下中间品的进口额，一般是加工成制成品后，最终出口至国外；而一般贸易项下中间品的进口额，在加工成制成品后，部分用于国内消费、部分用于出口，若是国内消费相对于出口的比例高，则表明该中间品进口的最终价值低，会直接降低该地区的全球价值链分工的参与程度。

由于我国当前每个省级行政区域都至少有一个直属海关，且绝大多数直属海关都提供了所在地加工贸易进口的数据，该数据中不仅包括料件、半成品等中间品形式的产品进口数据，也包括机械设备等用于生产、加工、组装或包装用途的设备等数据，故对于其中的加工贸易项下实际中间品进口额的数据，较难以精确估计。具体测算方法是，先通过使用 WIOD 数据库求解出我国历年的加工贸易项下的中间品进口额，即自国外进口在我国加工后又出口的金额，再采取分省加工贸易进口额占全国加工贸易总进口额的比例与全国加工贸易项下中间品进口额的乘积来表示各省的加工贸易项下的实际中间品进口额。同理，对于一般贸易项下中间品的进口额，先通过使用 WIOD 数据库求解出全国历年的一般贸易项下的中间品进口额，再采取分省一般贸易进口额占全国一般贸易总进口额的比例与全国一般贸易项下中间品进口额的乘积来表示各省的一般贸易项下的实际中间品进口额。

$\ln(\text{patent}_{it})$ 表示不同地区的专利申请数量，用以量化各地区内部科技进步的直接表现，该数据来自《中国科技统计年鉴》。

控制变量 control_{it}，具体包括平均教育水平 $\ln(\text{aveedu}_{it})$，通常采用各地区人口平均接受教育年限来量化，按照受不同教育层次的人口比例与相应教育年限的乘积之和来表示，采用徐国庆等（2017）对平均教育年限的测算思路，考察的是 6 岁及以上的人口对象，设定小学、初中、高中、大学受教育的年限分别为 6 年、9 年、12 年、16 年，则人均受教育年限 = 小学文化程度人口占总人口比重 ×6 + 初中文化程度人口占总人口比重 ×9 + 高中文化程度人口占总人口比重 ×12 + 大学及以上文化程度人口占总人口比重 ×16，该数据来自《中国人口统计年鉴》；人均国内生产总值 $\ln(\text{pergdp}_{it})$，以一定时期内地区常住人口的平均产出值来衡量；财政支出水平 $\ln(\text{fisexp}_{it})$，以一定时期内地方预算财政资金的支出来表示，具体数据来源国家统计局中的地方财政支出数据；CPI 指数 cpi_{it}，该变量采用的是各地区居民消费价格指数，在一定程度上可以反映出价格水平的变化趋势，具体数据来自国家统计局中的价格指数。

关于各主要变量的描述性统计结果如表 7-1 所示。

表 7-1　　　　　　　　　各变量描述性统计结果

变量名称	含义	均值	标准误差	最小值	最大值
bgapwage	地区间工资差距	1.01105	0.2931	0.7267	1.9947
igapwage	地区内工资差距	1.5529	0.4668	0.5634	3.8244

续表

变量名称	含义	均值	标准误差	最小值	最大值
ln(patent)	专利申请对数	9.1782	1.7481	3.1781	13.1313
gvcp	全球价值链参与度	0.3246	0.1950	0.0081	0.9983
ln(aveedu)	人均教育水平对数	2.1181	0.1582	1.3187	2.4873
ln(pergdp)	人均国内生产总值对数	10.0510	0.7006	8.1895	11.5639
ln(fisexp)	财政支出水平对数	7.2543	0.9351	4.6559	9.1198
cpi	CPI 指数变化率（%）	2.9546	1.9781	-2.3000	10.0865

第三节
实证分析

一、相关性分析

在对数据整理的基础上，继续对各核心解释变量与因变量进行相关性分析，结果如表 7-2 所示。通过该表中的相关性分析结果，发现在没有考虑其他控制变量的影响时，价值链参与度、专利申请和价值链参与度的技术进步效应均与地区间工资差距显著正相关，表明其均会扩大地区之间的工资差距；价值链参与度和价值链参与度的技术进步效应均与地区内部的工资差距显著正相关，表明其会显著扩大地区内部的工资差距，而专利申请则与地区内部的工资差距显著负相关，其会显著缩小地区内部的工资差距；且发现价值链参与度与专利申请本身之间没有显著的相关性，表明该核心解释变量之间没有多重共线性问题。

表 7 - 2　　　核心解释变量与因变量 bgapwage 及 igapwage 的 pearson 相关性分析结果

变量	bgapwage	gvcp	ln(patentt)	gvcp × ln(patent)
bgapwage	1.000	0.152 ***	0.151 ***	0.473 ***
gvcp	0.152 ***	1.000	0.044	-0.276 ***
ln(patent)	0.151 ***	0.044	1.000	-0.215 ***
gvcp × ln(patent)	0.473 ***	-0.276 ***	-0.215 ***	1.000

变量	igapwage	gvcp	ln(patent)	gvcp × ln(patent)
igapwage	1.000	0.203 ***	-0.114 ***	0.194 ***
gvcp	0.203 ***	1.000	0.044	0.942 ***
ln(patent)	-0.114 ***	0.044	1.000	0.310 ***
gvcp × ln(patent)	0.194 ***	0.942 ***	0.310 ***	1.000

注：该相关性分析是 pearson 双侧相关性检验。其中，*、**、*** 分别表示 0.1、0.05、0.01 的显著性水平。

二、整体实证结果分析

在结合前述式（7−1）和式（7−2）的基础上，考虑到均是我国不同省份的数据，存在一些共性，因此在对交乘项进行去中心化处理后，通过混合回归分析，发现绝大多数变量非常显著，其结果如表7−3所示。

表7−3　　　　　　　　　　基准回归结果（一）

变量	bgapwage − 面板分位数回归			igapwage − 迭代 GMM 法		
	（1）	（2）	（3）	（4）	（5）	（6）
gvcp	0.13 (0.21)	0.31 ** (0.12)	0.29 ** (0.11)	0.34 *** (0.09)	0.32 *** (0.09)	0.32 *** (0.08)
ln(patent)	0.09 *** (0.02)	0.10 *** (0.02)	0.03 (0.04)	− 0.09 *** (0.02)	− 0.09 *** (0.02)	− 0.17 *** (0.03)
gvcp × ln(patent)		0.35 *** (0.05)	0.29 *** (0.05)		− 0.03 (0.04)	− 0.08 * (0.04)
ln(aveedu)	− 0.82 ** (0.35)	− 0.59 *** (0.21)	− 0.68 *** (0.19)	1.39 *** (0.23)	1.37 *** (0.24)	1.35 *** (0.24)
ln(pergdp)	0.45 *** (0.09)	0.36 *** (0.06)	0.49 *** (0.09)	− 0.37 *** (0.05)	− 0.36 *** (0.05)	− 0.25 *** (0.06)
lnfisexp	− 0.30 *** (0.07)	− 0.27 *** (0.05)	− 0.09 (0.07)	0.30 *** (0.04)	0.30 *** (0.04)	0.49 *** (0.07)
cpi	− 0.01 * (0)	0 (0)	− 0.01 (0.02)	− 0.01 (0.01)	− 0.01 (0.01)	− 0.01 (0.03)
_cons	0.45 (0.58)	0.12 (0.48)	− 0.52 (2.33)	1.36 (1.03)	1.39 (1.04)	0.44 (2.93)
年份虚拟变量	否	否	是	否	否	是
N	372	372	372	372	372	372
R^2	0.483	0.650	0.715	0.203	0.203	0.238

注：括号内为稳健标准误。* 、** 、*** 分别表示0.1、0.05、0.01 的显著性水平。

　　通过表7-3的分析结果，在方程（1）~方程（3）中，发现提高价值链参与度本身会扩大地区间的工资差距；增加专利申请也会显著扩大地区间的工资差距，说明专利申请本身可能更容易促进发达地区的发展；价值链参与度的技术进步效应会显著扩大地区间的工资差距，说明该效应对相对发达的地区可能所起的作用更积极。在方程（4）~方程（6）中，价值链参与度、专利申请本身对地区内工资差距也分别存在显著为正、显著为负的影响关系，同时高价值链参与度的技术进步效应，在考虑年份效应时会显著缩小地区内工资差距。该混合回归分析模型中核心解释变量价值链分工地位与专利申请对工资差距的影响作用，与前述相关性分析中核心解释变量对工资差距的影响作用基本一致。

　　在通过 LSDV 法考察地区因素的影响作用时发现，在地区间工资差距方程中，地区个体效应多不显著，同时，在通过 LSDV 法考察年份因素的影响作用时，不同年份的时间效应均非常显著。因此，本书选取了考虑年份效应的面板分位数回归法分析地区间工资差距，而在地区内工资差距的方程中，有70%的地区个体效应不显著，因此该地区内工资差距方程的分析可排除采用地区固定效应的分析方法；同时，所有年份的个体效应均不显著，因此地区内工资差距方程也完全不适用时间固定效应的分析方法；考虑前述已进行混合回归的分析，进一步对行业内工资差距方程通过迭代 GMM 法以检验专利申请的内生性问题以及可能存在的异方差。

　　在地区间工资差距方程的分析上，考虑不同地区之间工资差距的差异性，选取了25分位、50分位和75分位水平进行分析，即根据最高工资与最低工资差距总程度的25%位次、50%位次以及75%位次来进行分析，参考前述地区间工资差距的指标为地区工资水平与全国平均工资的比值，则该不同分位水平对应着低工资收入地区、中等工资收入地区以及高工资收入地区。具体结果如表7-4所示，通过该面板分位数回归的检验，发现提高价值链参与度本身会扩大同一分位水平下不同地区之间的工资差距；同时，增加专利申请本身会扩大低分位水平下地区之间的工资差距，说明技术进步对低工资收入地区之间的差异化影响作用更明显;高价值链参与度的技术进步效应会扩大同一分位水平下地区之间的工资差距,说明参与价值链分工的技术溢出作用明显,特别是在同一分位水平下,工资水平相对较高的省份,其通过提升就业层次和收入水平,会扩大与低工资收入地区之间的工资差距。同时发现,提升教育水平,会缩小同一分位水平下不同地区之间的工资差距;提升人均国内生产总值,会扩大同一分位水平下不同地区之间的工资差距;而增加财政支出会缩小低分位和中等分位水平下不同地区之间工资差距。

表 7 – 4 基准回归结果(二)

变量	bgapwage – 面板分位数回归			igapwage – 迭代 GMM 法	
	(1) 25 分位	(2) 50 分位	(3) 75 分位	(4)	(5)
gvcp	0.18 ** (0.07)	0.29 *** (0.07)	0.41 *** (0.11)	0.62 *** (0.11)	0.55 *** (0.16)
ln(patent)	0.05 ** (0.02)	0.03 (0.02)	0.01 (0.03)	0.18 ** (0.07)	0.15 * (0.08)
gvcp × ln(patent)	0.28 *** (0.04)	0.29 *** (0.04)	0.31 *** (0.06)		– 0.10 (0.14)
ln(aveedu)	– 0.50 *** (0.13)	– 0.68 *** (0.13)	– 0.86 *** (0.21)	0.20 (0.37)	0.20 (0.37)
ln(pergdp)	0.39 *** (0.04)	0.48 *** (0.04)	0.58 *** (0.06)	– 0.33 *** (0.06)	– 0.30 *** (0.06)
ln(fisexp)	– 0.14 *** (0.04)	– 0.09 ** (0.04)	– 0.04 (0.06)	– 0.04 (0.09)	– 0.02 (0.10)
cpi	0 (0.02)	– 0.01 (0.02)	– 0.02 (0.02)	0.01 (0.01)	0.01 (0.01)
_cons				1.56 (1.15)	1.65 (1.15)
N	372	372	372	372	372

注:括号内为稳健标准误。* 、** 、*** 分别表示 0.1、0.05、0.01 的显著性水平。

在该地区内部工资差距方程上，考虑到专利申请的获得可能具有一定的内生性，因此选取了外商直接投资金额作为其工具变量，该数据来源于 WIOD 数据库，该外商直接投资金额与专利申请有一定的关系，但与地区内部工资差距的关系不大，在进行过度识别和弱工具变量的检验后，发现该外商直接投资金额满足外生性的要求，并拒绝弱工具变量的原假设，因此其分析是稳健的。通过该分析，发现提升价值链参与度本身会带来地区内部工资差距的扩大，而提升专利申请本身，也会带来地区内部工资差距的扩大，这与参与价值链分工和技术进步对地区内部制造业的发展机会一般大于对农林牧渔业的发展机会有一定的关系，因为此处衡量地区内部工资差距的方法是采用制造业与农林牧渔业在岗职工年平均工资的比值。

三、分区域实证结果分析

从经济意义和地理意义相结合的地区分类角度出发，借鉴 1986 年全国人大六届四次会议通过的国家"七五"计划中的规定，将我国划分为东部地区、中部地区、西部地区不同地域，其中东部地区包括北京、天津、河北、辽宁、上海、浙江、江苏、福建、山东、海南和广东 11 个省级行政区；中部地区包括黑龙江、吉林、山西、河南、安徽、江西、湖北、湖南 8 个省级行政区；西部地区包括内蒙古、四川、重庆、贵州、西藏、云南、陕西、青海、甘肃、宁夏、新疆、广西 12 个省级行政区。进一步结合全球价值链的影响路径及其分工效应，在不同的地区，会对工资差距产生不同的影响；随着发达地区价值链参与程度的提升，促使其更专注于生产资金密集型或技术密集型产品，会不断推升发达地区的相对工资水平，进而扩大与欠发达地区间的工资差距（见图 7-1）。

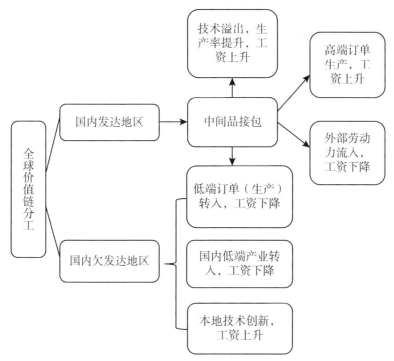

图 7 − 1　全球价值链分工对国内不同经济发展程度地区之间工资差距影响

注：由不同地区平均工资的升降变化，最终会形成地区之间工资差距的一定变动。

在价值链分工背景下，随着发达的东部地区专注于生产具有比较优势的资金密集或技术密集型等高附加值产品，因此其会不断扩大与欠发达的中部或西部地区之间的工资差距；随着不同地区的发展过程中，不断追求高附加值产品生产，会不断加大高技能劳动力的需求，因此会扩大地区内部的技能工资差距。依此角度出发，提出以下两个不同的命题：

命题 7 − 1：价值链参与度本身的提升，会导致东部地区与中部或西部地区之间工资差距的扩大。

命题 7 − 2：价值链参与度本身的提升，会形成不同地区内技能工资差距的扩大。

依据上述命题，设置新的区域虚拟变量，假设东部地区 = 1，中部地区 = 2，西部地区 = 3，对不同的地区继续展开分析，由于需要比较该三个区域之间工资差距的情况，但是该三个区域之间的省份数量并不一致，因此构建新的式（7-3）来分析区域之间工资差距的变动，具体采用地区平均工资 $\ln(\text{indwage}_{it})$ 的变化来衡量区域之间工资差距的变动，如东部地区平均工资的上升以及中西部地区平均工资的下降，则会形成东部与中西部地区之间工资差距的扩大；进一步，为考察自变量因素对工资差距的影响，则需要比较的是自变量因素所分别引起的各地区平均工资的变化，如同一自变量引起东部地区平均工资的上升和中西部地区平均工资的下降，则说明该自变量的上升，会引起东部和中西部地区之间工资差距的扩大。为考察地区之间工资差距变化所构建的地区平均工资如式（7-3）所示，而地区内部工资差距仍为前述式（7-2）所示：

$$\ln(\text{indwage}_{it}) = \alpha'' + \beta'' \times \text{gvcp}_{it} + \gamma'' \times \ln(\text{patent}_{it}) + \eta'' \times \text{gvcp}_{it} \times \ln(\text{patent}_{it})$$
$$+ \phi'' \times \text{control}_{it} + \lambda''_i + \mu''_t + \varepsilon''_{it} \qquad (7-3)$$

在式（7-3）中，$\ln(\text{indwage}_{it})$ 表示地区平均工资，通过比较自变量对该因素影响的显著性及大小，判断自变量对地区之间工资差距的作用，如价值链参与度作为自变量，若价值链参与度的提升本身会带来东部地区平均工资的上升以及中部和西部地区平均工资的下降，则说明提升价值链参与度本身，会扩大东部和中西部地区之间的工资差距；自变量 gvcp_{it} 表示价值链参与度，$\ln(\text{patent}_{it})$ 表示不同地区的专利申请，交乘项 $\text{gvcp}_{it} \times \ln(\text{patent}_{it})$ 表示参与全球价值链分工的技术进步效应；control_{it} 表示控制变量，具体包括平均教育水平 $\ln(\text{aveedu}_{it})$，人均国内生产总值 $\ln(\text{pergdp}_{it})$，财政支出水平 $\ln(\text{fisexp}_{it})$，CPI 指数 cpi_{it}；不同自变量及控制变量的衡量方法及数据来源均与前述式（7-1）和式（7-2）中的相同。

限于中部地区的省份仅有 8 个，东部地区的省份，也仅有 11 个，12 年的数据相对偏少，在分组后，面板数据的结构从短面板变成了长面板，考虑到组间异方差的可能存在性以及组间同期相关，因此，选择了面板校正标准误差方法（PCSE）法进行估计，以检验命题中的结论，具体结果如表 7-5 所示。

表 7-5　　　　　　　　　　　　分区域 PCSE 法估计结果

变量	ln(indwage)			igapwage		
	(1) 东部	(2) 中部	(3) 西部	(4) 东部	(5) 中部	(6) 西部
gvcp	0.28 *** (0.05)	-0.08 ** (0.04)	-0.08 ** (0.03)	0.03 (0.15)	0.53 ** (0.19)	0.29 ** (0.14)
ln(patent)	0.01 * (0.01)	0.02 ** (0.01)	-0.01 (0.02)	-0.05 * (0.03)	0.15 ** (0.07)	-0.08 (0.05)
gvcp × ln(patent)	0.05 ** (0.02)	-0.05 (0.04)	0.01 (0.03)	0.08 (0.05)	-0.40 * (0.22)	0.10 (0.08)
ln(aveedu)	0.12 (0.18)	-0.26 (0.16)	-0.50 *** (0.16)	2.03 *** (0.48)	-0.85 (0.79)	0.55 (0.38)
ln(pergdp)	0.53 *** (0.05)	0.14 ** (0.06)	0.20 *** (0.04)	-0.90 *** (0.14)	0.49 (0.31)	-0.01 (0.11)
ln(fisexp)	0.02 (0.02)	-0.06 (0.07)	-0.09 ** (0.04)	0.28 *** (0.08)	-0.36 * (0.20)	0.24 *** (0.09)
cpi	0 (0.01)	0 (0.01)	-0.02 ** (0.01)	-0.01 (0.01)	0.03 (0.04)	0.01 (0.01)
_cons	3.44 *** (0.83)	8.43 *** (0.76)	10.51 *** (0.69)	4.98 *** (1.45)	-3.47 (4.31)	-1.81 (1.66)
N	132	96	144	132	96	144
R^2	0.998	0.999	0.998	0.466	0.741	0.602

注：括号内为稳健标准误。 * 、 ** 、 *** 分别表示 0.1、0.05、0.01 的显著性水平。

通过比较不同地区平均工资的变化来衡量地区之间的工资差距，在东部地区，价值链参与度本身的提升会扩大东部与中西部地区之间的工资差距，其作用路径是通过提升东部地区平均工资并降低中西部地区平均工资而实现，原因在于东部地区依靠资金、区位、技术等优势，吸引了大批企业从事中间品贸易环节，中间品需求的加大，刺激了与之相关的劳动力需求，进而提高了平均工资；而在中西部地区，由于其整体上相比东部地区，并不具有资金、区位、技术等相关优势，其参与价值链分工的企业所获得的收益相对较低，从整体上说，提升价值链参与度本身对地区平均工资的促进作用远不及东部地区，甚至会出现提升价值链参与度本身会导致地区平均工资下降的反常现象，因此其会显著扩大与东部地区之间的工资差距，命题 1 中的相关论断得以证明。同时，专利申请本身的增加会通过更多地提升中部地区的工资水平，进而缩小中部地区与东部地区之间的工资差距，表明技术进步本身对于经济相对落后地区的工资提升积极作用较为明显，会缩小与发达地区之间的工资差距。高价值链参与度的技术进步效应对不同地区平均工资的影响差异明显，但是对地区间工资差距的影响并不显著；在东部地区，其会起到显著提升平均工资的作用，这与东部地区自身积极参与价值链分工，利用资金、技术、区位等优势条件，提升企业收益有一定的关系，但在中部和西部地区的影响均不显著。

在控制变量中，平均教育水平的上升对地区之间工资差距的作用并不显著，但对西部地区平均工资的作用显著为负，这与西部地区平均工资相比中部地区较高，地区产业发展不均衡及整体上相对落后有一定关系，教育水平的提升，受限于地区经济发展的约束，会导致一定的高素质劳动力外流，难以助推地区经济持续发展，并不能有效带动工资水平的上升；人均国内生产总值的提升，会通过更多地提升东部地区平均工资，形成东部与中西部地区之间工资差距的扩大。

通过地区内工资差距方程（4）～方程（6）的结果可知，地区价值链参与度本身的提升会扩大东部地区内部的工资差距，但作用并不显著，同时会显著扩大中西部地区内部的工资差距，归因于价值链贸易的开展对不同地区内部不同技能劳动力的差异化影响，通常就地区层面而言，高价值链参与度意味着高附加值中间品贸易的增多，这会扩大高技能劳动力的就业需求，因此会形成技能工资差距的扩大，命题 2 中的相关论断得以证明。同时发现，专利申请本身的增加会显著缩小东部地区内部的工资差距，却会扩大中部地区内部的工资差距，归因于该段时间内，东部地区技术进步本身的效率相对较高，对低技能层次的劳动力所起的推动作用更大，因而对工资的拉动作用更明显，缩小了地区内部的工资差距，而中部地区则与东部地区的情形相反。

在控制变量中，平均教育水平的提升会显著扩大东部地区内部的工资差距，这可能与该工资差距选取的是制造业与农林牧渔业的平均工资之比的计算方法有一定的关系，东部地区制造业密集，教育水平的上升，有助于劳动者技能的上升，形成制造业产出增加和工资快速上升，而农林牧渔业本身工资较低，且所吸收的高技能劳动力相对较少，致使收入水平上升较慢，最终形成内部工资差距的扩大。人均国内生产总值和财政支出水平对地区内部工资差距的影响，在东部地区内部的显著性影响恰好相反，这与东部地区的产业发展下所形成的劳动力就业方向，以及财政支出的偏向有很大的关系。由于各不同区域的经济特点有所差异，因此在该分区域条件下，核心解释变量对工资差距的影响，差异较大。

四、主要结论

本章从中国地区层面，分析了全球价值链、技术进步指标对工资差距的影响作用。首先，进行了核心解释变量与因变量的相关性分析，发现价值链分工指标和技术进步指标以及价值链分工的技术溢出效应均会显著扩大地区间工资差距；价值链分工指标、价值链分工的技术溢出效应均会显著扩大地区内的工资差距，而技术进步指标本身则会显著缩小地区内的工资差距，表明价值链分工指标和技术进步指标对地区间工资差距和地区内工资差距作用的差异化。

其次，通过混合回归模型的分析，发现价值链分工因素与技术进步指标对工资差距的影响作用，与相关性分析中的作用基本一致。

再次，通过对地区间工资差距方程的面板分位数回归分析，发现提高价值链参与度本身会扩大同一分位水平下不同地区之间的工资差距；增加专利申请本身会扩大低分位水平下地区之间的工资差距，说明技术进步对低工资收入地区之间的差异化影响作用更明显；高价值链参与度的技术进步效应会扩大同一分位水平下地区之间的工资差距，说明参与价值链分工的技术溢出作用明显，特别是同一分位水平下，工资水平相对较高的省份，其通过提升就业层次和收入水平，会扩大与低工资收入地区之间的工资差距。以及通过迭代 GMM 法分析地区内部的工资差距，发现提升价值链参与度和专利申请本身，均会形成地区内部工资差距的扩大，但是价值链参与度的技术进步效应的影响作用并不显著。

最后，通过分区域的回归分析结果，发现提高价值链参与度本身会扩大东部与中西部地区之间的工资差距；同时发现，专利申请本身的增加会提升中部地区平均工资，缩小与东部地区之间的工资差距。高价值链参与度的技术进步效应会显著提升东部地区的平均工资，但对地区之间工资差距的影响并不显著。在对地区内部工资差距的影响上，提高价值链参与度本身会扩大中西部地区内部的工资差距；而提升专利申请则会缩小东部地区内部的工资差距，并扩大中部地区内部的工资差距，形成在不同地区内部工资差距的差异化现象；高价值链分工地位的技术进步效应，会缩小中部地区内部工资差距，但是对东部和西部地区内部的工资差距，存在非显著扩大作用。

针对不同区域工资差距的应对措施上，东部地区应积极提升价值链参与度，打通全球价值链贸易的上下游环节，积极发挥参与价值链分工的技术进步效应，利用现有市场、技术、区位等优势，开展多层次产品的加工生产，合理增加地方财政支出，提升企业盈利水平，提高工资水平，缩小区域内工资差距。中部地区应结合自身技术产出的优势，积极提升价值链分工地位，规避简单参与全球价值链本身带来的低端锁定效应，提升专利申请等技术进步水平，发挥价值链分工的技术进步效应；同时，继续做强经济总量，通过提高人均教育水平，培育高素质劳动力，为区域内发展提供持久和优质的人才资源，缩小与东部地区之间的工资差距，并缩小区域内工资差距。西部地区应结合国家政策扶持的优势，积极提升价值链分工地位，发挥价值链分工的技术进步效应，借助"一带一路"平台做好区域内中高端附加值产品的生产出口，做大经济总量；同时，促进地区内部持续发展，提升区域内不同层次的教育规模，规避教育资源的误置现象，吸引高素质人才的区域内就业和创业，积极促进以教育服务地方经济，缩小与东部地区之间的工资差距，并缩小区域内工资差距。

第八章 全球价值链分工、技术进步对中国性别工资差距影响的实证分析

在工资差距的表现形式中，除了行业、地区等层面的工资差距外，性别层面的工资差距也是很重要的一个表现方面。据中山大学社会科学调查中心智库的研究报告，2015年中国女性的平均工资仅为男性的75%；而依据国际劳工组织的调查数据，在2015年，全球女性的平均工资也仅为男性的77%。在引起性别层面工资差距的影响因素中，除了性别之外，还有教育水平、所从事行业、所工作地区、国际分工以及技术进步水平外，还有其他诸多因素的共同作用。本章借助北京师范大学中国收入分配研究院的2008年和2013年中国家庭收入调查（CHIP）数据，结合城市层面的价值链分工、技术进步，以及价值链分工的技术进步效应分析不同因素对性别工资差距的影响。

第一节
计量模型的建立

性别工资差距即表现在不同性别上的工资差距，其形成固然有个体自身的原因，但也必然会受到外部因素的影响。在分析性别工资差距的影响因素

中，一些学者选择从个体层面的不同因素展开分析，如李实等（2014）通过分析1995年、2002年、2007年中国家庭收入调查数据，发现年龄、学历、职业及行业的差异使得低收入群体的女性在劳动力市场中受到严重的歧视，促使性别工资差距不断扩大；陈国强和罗楚亮（2016）通过研究企业个体劳动生产率的差异，发现在2004～2007年期间，性别工资的差异是由不同性别劳动生产率的差异形成的。还有一些学者选择从外部因素来展开分析，如刘斌和李磊（2012）从贸易开放的角度分析了对性别工资差距的影响，李宏兵等（2014）、李磊等（2015）从外资进入的角度分析了对性别工资差距的影响，郭凯明和颜色（2015）从资本积累的角度分析了对性别工资差距的影响，刘仁宝和刘冠军（2017）从科技进步的角度分析了对性别工资差距的影响。

本章基于全球价值链分工、技术进步相结合的非个体特征的视角来分析性别工资差距，其中全球价值链分工和技术进步对性别工资差距作用的机理，主要是通过在中间品外包下，由于不同的地区和不同的行业或企业所承接的相对低技能的外包性订单，提升了对女性的就业需求，因而在一定程度上缩小了与男性之间的工资差距；同时，地区、行业或企业技术模仿或创新水平的不断提高，也会在一定程度上影响女性的就业和工资水平，进而形成与男性之间工资差距的变化。因此在结合全球价值链分工、技术进步对工资差距作用机理的基础上，考虑到中国家庭收入调查数据（CHIP数据）的特点，选取了城市层面的全球价值链和技术进步因素以及其他因素来分析对性别工资差距的影响，构建了半对数化方程如下：

$$\mathrm{lnwage}_{it} = \alpha + \beta \times X_{it} + \gamma \times Z_i + \varepsilon_{it} \tag{8-1}$$

式（8-1）中，lnwage_{it}表示i城市t个体的性别工资水平，以月度工资收入的对数来衡量，由于采用的是微观个体数据，且不同性别的数量存在差异，因此较好的方法是比较不同性别工资水平的变化，进而形成性别工资差距的变化。具体而言，即通过比较自变量对不同性别工资水平的显著性影响作用，反映出该自变量对性别工资差距的影响。X_{it}表示i城市t个体的性别

（gender$_{it}$）、年龄（age$_{it}$）、婚姻（marriage$_{it}$）、教育年限（edu_year$_{it}$）、工龄（seniority$_{it}$）、工作单位所有制类型 ent_type$_{it}$ 等不同特征，这些变量均作为控制变量，其中对年龄取了对数，而针对教育年限和工龄，考虑到 0 值的情况，在加 1 后取对数；Z$_i$ 表示 i 城市的非个体特征变量，包括价值链分工地位 gvc_pos$_i$、全要素生产率 tfp$_i$、实际使用外资 fdi$_i$，其中 gvc_pos$_i$ 和 tfp$_i$ 作为核心解释变量，针对 tfp$_i$ 和 fdi$_i$ 分别取了对数。

第二节
变量选取与数据说明

本章主要采用 CHIP2008 和 CHIP2013 的数据，该数据来自北京师范大学中国收入分配研究院。在该章的分析中，选取了不同性别的月度工资收入作为被解释变量，同时选取了性别、年龄、婚姻、工龄、教育年限、工作单位类型等变量作为控制变量。在该控制变量的性别中，假定男性 = 1，女性 = 2；在婚姻中，假定已婚 = 1，离婚或丧偶 = 2，未婚 = 3；在工龄中，计算的是从事当期工作的时间长度，而不是从第一份工作开始的时间长度；在工作单位类型中，假定党政机关团体或事业单位 = 1，国有及控股企业或集体企业 = 2，其他私营企业 = 3。在满足数据意义及充分匹配性的基础上，本章选取了 2008 年涉及上海、南京、无锡、杭州、宁波、合肥、蚌埠、郑州、洛阳、安阳、武汉、广州、深圳、东莞、重庆、成都、绵阳、乐山等 18 个地级（及以上）城市，3571 名男性、2807 名女性的工资数据；以及 2013 年涉及 122 个地级（及以上）城市，4720 名男性、3702 名女性的工资数据，以进行分析。

为测算一国内部不同城市的价值链分工地位，借鉴余振、顾浩（2016）的思路，构造出一国内部不同城市的价值链分工地位 $GVC\_pos_{m,n}$ =

$$\ln\left(1 + \frac{IV_m \times \frac{VA_n}{VA_m}}{E_m \times \frac{T_n}{T_m}}\right) - \ln\left(1 + \frac{FV_m \times \frac{VA_n}{VA_m}}{E_m \times \frac{T_n}{T_m}}\right), \text{ 其中 } IV_m \text{ 表示 m 国出口到国外后,}$$

又从国外出口至第三国的中间值,FV_m 表示 m 国出口的国外增加值,E_m 表示 m 国出口的总增加值,其数据均来源于 WIOD 数据库,并依据王等(Wang et al.,2013)的方法进行测算;VA_m、VA_n 分别表示 m 国整体的产出值、m 国内部 n 城市的产出值,T_m、T_n 分别表示 m 国整体的对外出口值、m 国内部 n 城市的对外出口值,其数据均来源于《中国城市统计年鉴》。

关于各城市的技术进步指标,通过构建传统的 Cobu – Douglas 型生产函数 $Y = AK^{\alpha}L^{\beta}$,进而测算全要素生产率 A 以表征,其中,Y 表示产出,用各城市生产总值来衡量;K 表示资本,用各城市的固定资产投资来衡量;L 表示劳动力,用各城市的从业人员数来衡量,数据来源于 EPS 数据平台中的中国区域经济经济数据库,对于部分缺失的数据,通过相关城市的国民经济和社会发展报告所获取;α 和 β 分别表示产出的资本弹性和劳动弹性,在参考国内众多学者对该弹性估算的基础上,借鉴张浩然(2012)对中国资本弹性和劳动弹性的计算结果,假定 $\alpha = 0.4$,$\beta = 0.6$。同时,在考虑到国内一些学者,如李宏兵等(2014)、李磊等(2015)分别考量了外资进入对中国性别工资差距的影响,因此本书也引入了各个城市的实际使用外资,作为控制变量,该数据来自《中国城市统计年鉴》。

第三节
实证分析

一、主要变量的描述性统计及因变量的核密度图分析

由于本章从 2008 年和 2013 年两个不同的年份展开分析,因此分别对该

两年的数据进行了描述性统计，具体如表 8 - 1 所示。通过该表内分性别变量的描述统计，发现各年份内被解释变量和核心解释变量的标准误均在合理范围内，被解释变量 lnwage 的最小值与最大值相差较大，表明在同性别内部的工资差距也较大；同时发现 gvc_pos 的数值均为负数，表明各城市的价值链分工地位并未处于相对有利的位置，出口的国外增加值高于出口的国内间接增加值；而 lntfp 作为技术进步的表征变量，在 2008 年为正值，但在2013 年由于其样本数明显增大，一些西部较为落后的城市进入了样本内，导致其最小值出现了负数，但是最大值明显高于 2008 年的最大值。

表 8 - 1 主要变量描述性统计结果

变量	2008 年数据				2013 年数据			
	Mean	Std.	Min	Max	Mean	Std.	Min	Max
lnwage （male）	7.51	0.65	0.69	10.60	7.93	0.74	1.43	11.11
lnage （male）	3.71	0.26	2.89	4.33	3.71	0.27	2.77	4.37
marriage （male）	1.17	0.42	1.00	3.00	1.16	0.42	1.00	3.00
lnedu_year （male）	2.57	0.26	0.69	3.58	2.52	0.29	0	3.09
lnseniority （male）	2.47	0.92	0	4.25	2.35	0.89	0	3.91
ent_type （male）	1.96	0.82	1.00	3.00	2.18	0.83	1.00	3.00
lnwage （female）	7.26	0.59	4.06	10.60	7.66	0.78	1.43	10.28
lnage （female）	3.62	0.25	2.94	4.34	3.65	0.25	2.77	4.33
marriage （female）	1.21	0.51	1.00	3.00	1.19	0.49	1.00	3.00
lnedu_year （female）	2.57	0.26	0.69	3.58	2.53	0.31	0	3.14
lnseniority （female）	2.22	0.88	0	4.65	2.14	0.85	0	4.04
ent_type （female）	2.03	0.86	1.00	3.00	2.25	0.86	1.00	3.00
gvc_pos	− 0.15	0.10	− 0.33	− 0.03	− 0.17	0.12	− 0.46	− 0.01
lntfp	1.45	0.44	0.77	2.14	1.48	0.49	− 0.03	2.37
lnfdi	14.16	1.15	10.85	15.76	13.37	2.08	5.78	15.95

注：该表分不同的性别对 2008 年及 2013 年的数据分别进行描述性统计，其中 Mean 表示均值，Std. 表示标准误差，Min 表示最小值，Max 表示最大值。

继续对性别工资的核密度分布情况进行描述，如图 8-1 所示。发现在
2008 年及 2013 年期间，在相同的分布位水平，男性工资明显高于女性工
资；同时 2008 年女性工资相对男性工资的标准差更小，分布更为集中；
2013 年男性工资相对女性工资的标准差更小，分布更为集中。而通过图 8-2
中不同技能水平的性别工资核密度分布图，也发现了在相同的分布位水平，
男性工资明显高于女性工资，通过对比 2008 年和 2013 年高技能群体性别工
资的核密度分布情况，发现高技能群体之间的性别工资差距，在不断缩小；
而通过对低技能群体性别工资的核密度分布情况，发现低技能群体之间的性
别工资差距，在不断扩大；进一步，发现在 2008 年和 2013 年，低技能女性
群体工资的标准差相对于低技能男性群体工资的标准差更小，说明其相比男
性工资而言，分布区间范围更为集中，低技能女性内部的工资差距比低技能
男性内部的工资差距更小。

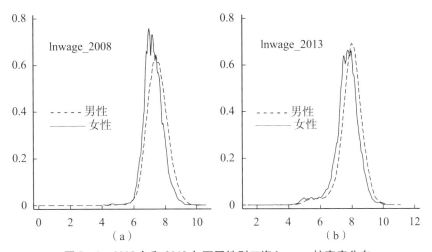

图 8-1　2008 年和 2013 年不同性别工资 lnwage 核密度分布

注：（a）、（b）两图分别表示 2008 年和 2013 年不同性别工资的核密度分布情况。
横轴表示工资对数 lnwage，纵轴表示工资对数的核密度分布数值，虚线表示男性的工资
水平，实线表示女性的工资水平。

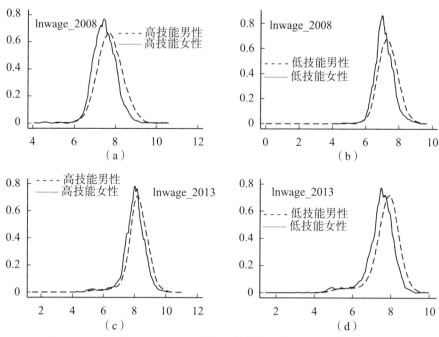

图 8 - 2　2008 年和 2013 年高技能、低技能群体性别工资核密度分布

注: 横轴表示工资对数 lnwage, 纵轴表示工资对数的核密度分布数值, 上方的 (a)、(b) 表示的是 2008 年的高技能和低技能不同性别工资的核密度分布情况, 下方的 (c)、(d) 表示的是 2013 年的高技能和低技能不同性别工资的核密度分布情况, 其中虚线表示不同技能男性的工资水平, 实线表示不同技能女性的工资水平。

二、回归结果分析

针对上述整体工资和分技能层次下不同性别工资的核密度分布曲线的状态, 结合前述选定变量数据的特点, 因此考虑首先采用 OLS (普通最小二乘法) 聚类 - 稳健标准误进行一般性分析, 以消除不同城市之间聚类形成的组内相关性; 然后采用分位数回归法进行分析, 以规避回归误差参数分布的特定假设, 并消除异常值的非稳健性, 在对交乘项采用去中心化处理后, 通过 OLS 方法分析的结果如表 8 - 2 所示。

表 8 - 2 　　　　　　　　　　OLS 稳健 - 聚类回归结果

因变量 （lnwage）	2008 年	2013 年	2008 年		2013 年	
			男性	女性	男性	女性
gender	- 0.22 *** (0.01)	- 0.24 *** (0.01)				
lnage	- 0.21 *** (0.04)	- 0.12 *** (0.04)	- 0.24 *** (0.06)	- 0.23 *** (0.05)	- 0.07 (0.05)	- 0.22 *** (0.06)
marriage	- 0.06 *** (0.02)	- 0.06 *** (0.02)	- 0.16 *** (0.02)	0.01 (0.02)	- 0.10 *** (0.03)	- 0.03 (0.03)
lnedu_year	0.71 *** (0.04)	0.62 *** (0.03)	0.76 *** (0.05)	0.62 *** (0.06)	0.60 *** (0.05)	0.63 *** (0.05)
lnseniority	0.18 *** (0.01)	0.22 *** (0.01)	0.18 *** (0.01)	0.17 *** (0.01)	0.20 *** (0.02)	0.24 *** (0.02)
ent_type	- 0.03 *** (0.01)	- 0.03 *** (0.01)	- 0.03 ** (0.01)	- 0.05 *** (0.01)	- 0.03 * (0.01)	- 0.04 *** (0.02)
gvc_pos	0.96 *** (0.12)	0.47 *** (0.09)	0.95 *** (0.17)	0.98 *** (0.16)	0.36 *** (0.12)	0.59 *** (0.14)
lntfp	0.20 *** (0.03)	0.21 *** (0.02)	0.19 *** (0.04)	0.20 *** (0.04)	0.22 *** (0.03)	0.20 *** (0.03)
gvc_pos × lntfp	1.31 *** (0.21)	1.92 *** (0.15)	1.18 *** (0.30)	1.45 *** (0.31)	1.85 *** (0.20)	2.02 *** (0.23)
lnfdi	0.03 *** (0.01)	0.03 *** (0.01)	0.02 ** (0.01)	0.04 *** (0.01)	0.03 *** (0.01)	0.03 *** (0.01)
_cons	5.80 *** (0.25)	5.97 *** (0.21)	5.73 *** (0.35)	5.49 *** (0.35)	5.60 *** (0.28)	5.76 *** (0.30)
N	6378	8422	3571	2807	4720	3702
R^2	0.280	0.265	0.251	0.265	0.228	0.263

　　注：括号内表示城市聚类的稳健标准误。＊、＊＊、＊＊＊分别表示 0.1、0.05、0.01 的显著性水平。

　　通过表 8 - 2 中对各年工资 lnwage 的分析，发现个体特征变量性别 gender 对 lnwage 的影响系数均显著为负，性别因素中假定男性 = 1、女性 = 2，即说明女性相比男性，其工资水平会更低，说明性别歧视是产生不同性别工资差距的重要原因。在年龄 lnage 上，其对各年整体的工资水平和多数的性别工资水平均显著负相关，考虑到工龄 lnseniority 对工资水平均显著正相关，由前述工龄的定义是从事当前工作的时间长度，由于存在较大的人员流动性，在频繁更换工作的情况下，年龄大并不等同于工龄长，不一定会带来工资水平的上升。在婚姻状态 marriage 上，对 2008 年和 2013 年整体工资的影响均显著为负，考虑到前述假定已婚 = 1，离婚或丧偶 = 2，未婚 = 3，表明越是出现离婚、丧偶、未婚等单身状态，越容易导致工资水平的下降，但是对不同性别工资水平的影响存在差异，对男性的负面影响更显著，表明婚姻的不稳定会降低不同性别的工资水平，却可能会缩小性别工资差距。在教育年限 lnedu_year 上，其会显著提升不同性别的工资水平，这与我国近年来社会不断重视学历，用人单位提升就业者的学历溢价有很大的关系，2013 年相比 2008 年，该影响因素对女性的正向作用变大，表明教育年限的增加，正从扩大性别工资差距转变为缩小性别工资差距。在所在单位所有制类型 ent_type 上，其对不同性别工资的影响均显著为负，考虑到前述所在单位所有制类型的假定，党政机关团体或事业单位 = 1，国有及控股企业或集体企业 = 2，其他私营企业 = 3，表明越是偏向私营企业，工资水平越低，且女性工资水平的下降会更为明显，表明其会扩大性别工资差距，这可能与私营企业竞争力普遍难抵垄断性企事业部门，且对于男性赋予了更多管理、高技术层次岗位等因素有一定的关系。核心解释变量价值链分工地位 gvc_pos 在对不同年份，不同性别工资水平的影响上，均显著为正，表明提高价值链分工地位本身，会显著提升不同性别个体的工资水平，这与所在城市价值链分工地位的提高，所带来的生产及出口业务的增多，形成企业收益的上升有一定的关系；同时发现，其在该两年间，均起到了缩小性别工资差距的作用，这可能与外向型经济发展背景下，更多女性参与劳动力就业市场，增加收入有一定的关系。核心解释变量全要素生产率 lntfp 对工资水平的影响系数均显著为正，表明技术的不断进步本身会提升不同性别的工资水平，同时其在 2008 年会起到缩小工资差距的作用，而在 2013 年则会起到扩大性别工资差距的作用，这可能与该两年经济发展的区别及样本的差异性有一定的关系。交乘项全球价值链分工的技术进步效应 gvc_pos × lntfp 起到了显著提升不同性别工资水平的作用，同时也会显著地缩小性别工资差距，表明高价值链分工地位下的技术溢出，促使企业不断提升技术水平，有利于女性就业群体收入更快上升。控制变量实际使用外资 lnfdi，在该两年均起到了显著提升不同性别工资水平的作用，但对性别工资差距的影响有所差异。

考虑到表 8 - 2 是在普通最小二乘法下，基于性别因素并引入核心解释变量和其他变量的分析，其前提假定为被解释变量服从渐近正态分布。为考虑被解释变量数据的特点，继续放宽回归误差参数分布的特定假设，引入分位数回归这种半参数分析方法，为获得最小离差估计量，提高误差项的精度，选择从各年份整体及不同技能层次角度对性别工资水平进行中位数回归分析，结果如表 8 - 3 所示。

表 8 - 3　　　　2008 年和 2013 年不同技能性别工资中位数回归结果

| 因变量 | 2008 年 | | | | 2013 年 | | | |
| （lnwage） | 高技能 | | 低技能 | | 高技能 | | 低技能 | |
	男性	女性	男性	女性	男性	女性	男性	女性
lnage	0.09 (0.10)	-0.04 (0.10)	-0.37 *** (0.07)	-0.25 *** (0.06)	0.37 *** (0.11)	0.07 (0.12)	-0.21 *** (0.06)	-0.31 *** (0.07)
marriage	-0.16 *** (0.04)	0 (0.03)	-0.14 *** (0.03)	0.01 (0.02)	-0.13 *** (0.04)	-0.04 (0.04)	-0.08 ** (0.03)	-0.02 (0.03)
lnedu_year	0.59 *** (0.15)	0.40 *** (0.14)	0.35 *** (0.07)	0.26 *** (0.09)	1.56 *** (0.18)	1.78 *** (0.23)	0.29 *** (0.05)	0.36 *** (0.06)
lnseniority	0.13 *** (0.03)	0.16 *** (0.03)	0.19 *** (0.02)	0.17 *** (0.01)	0.13 *** (0.03)	0.25 *** (0.04)	0.21 *** (0.02)	0.24 *** (0.02)
ent_type	0.02 (0.02)	0 (0.02)	-0.04 *** (0.02)	-0.07 *** (0.02)	0.01 (0.02)	0 (0.02)	-0.03 (0.02)	-0.04 * (0.02)

续表

| 因变量
(lnwage) | 2008 年 | | | | 2013 年 | | | |
| | 高技能 | | 低技能 | | 高技能 | | 低技能 | |
	男性	女性	男性	女性	男性	女性	男性	女性
gvc_pos	0.73 ***	0.77 ***	1.06 ***	1.16 ***	0.21	0.63 ***	0.42 ***	0.48 ***
	(0.24)	(0.23)	(0.23)	(0.22)	(0.18)	(0.20)	(0.15)	(0.18)
lntfp	0.25 ***	0.25 ***	0.17 ***	0.17 ***	0.32 ***	0.20 ***	0.14 ***	0.18 ***
	(0.06)	(0.06)	(0.05)	(0.05)	(0.04)	(0.05)	(0.04)	(0.04)
gvc_pos × lntfp	1.48 ***	1.76 ***	1.03 ***	1.42 ***	1.64 ***	2.44 ***	1.79 ***	1.67 ***
	(0.45)	(0.49)	(0.39)	(0.38)	(0.29)	(0.31)	(0.26)	(0.32)
lnfdi	0.04 **	0.05 **	0.02	0.03 **	0.02	0.02	0.04 ***	0.04 ***
	(0.02)	(0.02)	(0.02)	(0.01)	(0.01)	(0.01)	(0.01)	(0.01)
_cons	4.79 ***	5.17 ***	7.25 ***	6.64 ***	1.60 **	1.72 **	6.83 ***	6.66 ***
	(0.66)	(0.60)	(0.41)	(0.41)	(0.68)	(0.79)	(0.32)	(0.36)
N	1519	1178	2052	1629	1826	1504	2894	2198
R^2	0.185	0.181	0.198	0.236	0.224	0.217	0.153	0.177

注：括号中为稳健标准误，采用自抽样 400 次的分位数回归方法得出。＊、＊＊、＊＊＊分别表示 0.1、0.05、0.01 的显著性水平。

通过表 8-3 的中位数回归分析结果，发现年龄的增加会促使低技能群体的工资水平下降，并形成该群体内部性别工资差距的缩小；但是对高技能群体的工资影响，仅对 2013 年高技能男性的工资水平存在显著性影响。同时发现，婚姻因素会显著降低低技能男性的工资水平。在教育年限和工龄上，均对不同性别群体的工资起到正向作用，表明增加教育年限和工龄均能起到提升工资水平的作用；但是发现在教育年限上，在 2008 年会形成性别工资差距扩大的作用，而在 2013 年则会形成性别工资差距缩小的作用，因此应重视全社会的公平教育，特别是应重视农村地区入学年龄阶段女童的教育，提升低技能群体的教育年限；在工龄上，除了 2008 年会扩大低技能群体之间的性别工资差距外，在其他情况下，均是缩小不同性别之间的工资差距。在所在单位所有制类型上，多对低技能群体的性别工资水平产生显著的负向影响，表明越是偏向私有制企业，低技能群体的工资水平可能越低。在核心解释变量价值链分工地位上，其在该两年均对不同技能性别群体的工资水平均存在显著的正向影响，同时表现出缩小不同技能群体之间性别工资差距的作用，说明价值链分工地位本身的提高，是极利于社会整体就业的，更是极利于不同技能的女性发挥自己的专长，提高工资水平，缩小与男性之间的工资差距；在全要素生产率上，其对不同性别工资的影响均显著为正，但在不同技能群体性别工资差距的影响上差别较大，在 2008 年其并不改变不同技能群体的性别工资差距，而在 2013 年却会产生高技能群体性别工资差距扩大和低技能群体性别工资差距缩小的作用；在价值链分工的技术进步效应上，其对不同年份不同技能群体性别工资水平的影响均显著为正，且会缩小 2008 年不同技能群体的性别工资差距，并形成 2013 年高技能群体性别工资差距的缩小和低技能群体性别工资差距的扩大，产生此差异化现象的原因，主要是 CHIP2008 和 CHIP2013 的数据，相差较大，前者仅有 18 个样本城市，而后者涉及 122 个样本城市，且不同个体在全球经济环境不断变革的情况下，受到的外围因素的冲击也不尽相同。在实际使用外资上，其会显著提升不同性别的工资水平，但在不同年份对不同技能群体性别工资差距的影响略有差别。

考虑到本章分析的是全球价值链分工、技术进步对性别工资差距的影响，因此应考量核心解释变量价值链分工地位 gvc_pos 和全要素生产率 lntfp 以及交乘项 gvc_pos × lntfp 对性别工资差距的影响，在控制了上述表 8 - 3 中针对不同性别和城市的特征变量后，依据条件分布的不同位置，采用不同分位数水平（quantile）自抽样联立回归方法估计，以观察核心解释变量对不同技能群体性别工资差距的影响，具体结果如表 8 - 4 ~ 表 8 - 6 所示。

表 8 – 4   gvc_pos 对性别工资自抽样联立分位数回归结果

分位数 (quantile)	2008 年				2013 年			
	高技能		低技能		高技能		低技能	
	男性	女性	男性	女性	男性	女性	男性	女性
Q10	0.39 (0.26)	1.40 *** (0.37)	0.97 *** (0.37)	1.16 *** (0.29)	− 0.17 (0.52)	0.83 *** (0.25)	1.31 *** (0.40)	0.13 (0.50)
Q20	0.65 *** (0.22)	1.23 *** (0.31)	1.36 *** (0.29)	1.13 *** (0.23)	0.29 (0.27)	0.72 *** (0.27)	0.39 (0.24)	0.48 (0.33)
Q30	0.77 *** (0.26)	1.06 ** (0.51)	1.66 *** (0.22)	1.22 *** (0.19)	0.29 (0.18)	0.73 *** (0.25)	0.20 (0.20)	0.48 * (0.26)
Q40	0.61 ** (0.26)	0.66 * (0.36)	1.24 *** (0.20)	1.24 *** (0.28)	0.44 *** (0.13)	0.63 *** (0.17)	0.26 (0.20)	0.31 (0.24)
Q50	0.75 *** (0.26)	0.50 * (0.27)	1.03 *** (0.24)	1.12 *** (0.28)	0.55 *** (0.16)	0.76 *** (0.13)	0.28 ** (0.12)	0.41 * (0.22)
Q60	0.60 * (0.36)	0.44 * (0.24)	0.78 ** (0.32)	1.12 *** (0.26)	0.55 *** (0.12)	0.86 *** (0.14)	0.22 (0.14)	0.40 ** (0.17)
Q70	0.66 ** (0.27)	0.43 (0.34)	0.83 *** (0.20)	1.08 *** (0.26)	0.53 *** (0.13)	0.73 *** (0.15)	0.17 (0.13)	0.52 *** (0.18)
Q80	0.86 *** (0.30)	0.39 (0.46)	0.84 *** (0.22)	1.05 *** (0.33)	0.65 *** (0.24)	0.81 *** (0.17)	0.07 (0.13)	0.57 *** (0.21)
Q90	1.60 *** (0.45)	0.79 (0.48)	0.76 ** (0.34)	1.07 ** (0.42)	0.36 (0.27)	0.81 *** (0.27)	0.07 (0.18)	0.68 *** (0.24)

注：括号内为稳健标准误，采用自抽样 400 次的分位数回归方法得出。Q10 表示 10 分位数水平，依此类推，Q90 表示 90 分位数水平。* 、** 、*** 分别表示 0.1、0.05、0.01 的显著性水平。

表 8 – 5   lntfp 对性别工资自抽样联立分位数回归结果

分位数 (quantile)	2008 年				2013 年			
	高技能		低技能		高技能		低技能	
	男性	女性	男性	女性	男性	女性	男性	女性
Q10	0.29 *** (0.07)	0.23 * (0.12)	− 0.04 (0.08)	0.09 (0.08)	0.40 *** (0.07)	0.21 *** (0.08)	0.07 (0.08)	0.34 *** (0.13)

续表

分位数 （quantile）	2008 年				2013 年			
	高技能		低技能		高技能		低技能	
	男性	女性	男性	女性	男性	女性	男性	女性
Q20	0.25 *** （0.09）	0.20 *** （0.07）	− 0.04 （0.07）	0 （0.04）	0.27 *** （0.05）	0.16 *** （0.05）	0.11 *** （0.04）	0.23 *** （0.07）
Q30	0.26 *** （0.08）	0.21 *** （0.06）	− 0.01 （0.06）	0.03 （0.05）	0.28 *** （0.05）	0.21 *** （0.04）	0.12 *** （0.04）	0.18 *** （0.05）
Q40	0.27 *** （0.08）	0.20 ** （0.08）	0.10 * （0.05）	0.06 （0.07）	0.25 *** （0.04）	0.20 *** （0.03）	0.13 *** （0.03）	0.16 *** （0.06）
Q50	0.22 *** （0.07）	0.22 *** （0.08）	0.10 * （0.06）	0.11 （0.07）	0.21 *** （0.04）	0.19 *** （0.03）	0.14 *** （0.04）	0.13 *** （0.05）
Q60	0.27 *** （0.07）	0.22 ** （0.10）	0.22 *** （0.06）	0.13 ** （0.05）	0.25 *** （0.03）	0.18 *** （0.03）	0.16 *** （0.03）	0.11 *** （0.04）
Q70	0.27 *** （0.06）	0.16 * （0.08）	0.26 *** （0.06）	0.21 *** （0.05）	0.28 *** （0.03）	0.19 *** （0.03）	0.18 *** （0.02）	0.12 *** （0.03）
Q80	0.25 *** （0.06）	0.19 *** （0.07）	0.33 *** （0.06）	0.26 *** （0.07）	0.32 *** （0.04）	0.23 *** （0.05）	0.18 *** （0.03）	0.11 *** （0.03）
Q90	0.09 （0.09）	0.20 ** （0.08）	0.43 *** （0.08）	0.36 *** （0.09）	0.38 *** （0.04）	0.24 *** （0.08）	0.14 *** （0.05）	0.06 * （0.04）

注：括号内为稳健标准误，采用自抽样 400 次的分位数回归方法得出。Q10 表示 10 分位数水平，依此类推，Q90 表示 90 分位数水平。* 、 ** 、 *** 分别表示 0.1、0.05、0.01 的显著性水平。

表 8 - 6　　gvc_pos × lntfp 对性别工资自抽样联立分位数回归结果

分位数 （quantile）	2008 年				2013 年			
	高技能		低技能		高技能		低技能	
	男性	女性	男性	女性	男性	女性	男性	女性
Q10	2.03 *** （0.75）	1.53 * （0.85）	0.43 （0.59）	0.63 （0.53）	2.22 *** （0.58）	3.20 *** （0.49）	2.90 *** （0.56）	1.38 * （0.76）
Q20	0.67 （0.66）	1.71 *** （0.60）	0.08 （0.86）	0.88 ** （0.38）	1.60 *** （0.40）	2.19 *** （0.38）	1.51 *** （0.41）	1.25 ** （0.53）

续表

分位数 (quantile)	2008 年				2013 年			
	高技能		低技能		高技能		低技能	
	男性	女性	男性	女性	男性	女性	男性	女性
Q30	0.80 (0.51)	1.77** (0.69)	0.46 (0.38)	1.24*** (0.34)	1.40*** (0.27)	1.97*** (0.32)	1.64*** (0.33)	1.25*** (0.38)
Q40	1.17** (0.56)	1.40** (0.56)	0.64 (0.44)	1.16*** (0.41)	1.41*** (0.26)	2.00*** (0.30)	1.62*** (0.26)	1.09*** (0.37)
Q50	1.34** (0.54)	1.32*** (0.50)	0.73 (0.47)	1.18*** (0.39)	1.32*** (0.27)	2.16*** (0.26)	1.37*** (0.25)	1.18*** (0.35)
Q60	1.24** (0.55)	1.52*** (0.57)	0.52 (0.48)	1.05*** (0.39)	1.37*** (0.28)	2.12*** (0.34)	1.33*** (0.24)	1.25*** (0.27)
Q70	1.20** (0.61)	2.54*** (0.67)	0.97** (0.47)	1.71*** (0.38)	1.27*** (0.28)	2.19*** (0.30)	1.44*** (0.24)	1.35*** (0.29)
Q80	1.31** (0.64)	2.76*** (0.65)	1.41*** (0.44)	1.04* (0.58)	1.37*** (0.36)	1.93*** (0.39)	1.49*** (0.23)	1.79*** (0.31)
Q90	1.97** (0.86)	2.48*** (0.85)	1.98*** (0.63)	2.15*** (0.81)	1.19*** (0.38)	1.24*** (0.40)	1.91*** (0.40)	1.35*** (0.33)

　　注：括号内为稳健标准误，采用自抽样 400 次的分位数回归方法得出。Q10 表示 10 分位数水平，依此类推，Q90 表示 90 分位数水平。*、**、*** 分别表示 0.1、0.05、0.01 的显著性水平。

　　结合表 8-4 中的价值链分工地位对性别工资的分位数回归结果，发现在不同的工资分位数水平下，提高价值链分工地位本身多对不同性别的工资产生了显著的提升作用。对比 2008 年和 2013 年的数据，发现在工资收入的低分位（10~40 分位）水平下，提高价值链分工地位本身，多会缩小高技能群体的性别工资差距和扩大低技能群体的性别工资和差距；而在中高分位水平（50~90 分位），多会扩大高技能内部的性别工资差距和缩小低技能内部的性别工资差距，说明价值链分工本身对不同性别工资差距的影响，会受到劳动者技能特点和收入分布水平的影响。在 2013 年，提高价值链分工地位本身对不同技能性别工资水平的影响多显著为正，其多会显著缩小不同技能内部的性别工资差距，之所以会形成这种差异化现象，可能与我国逐步参与全球价值链分工，更多女性通过高精尖技术的获取，以及先进管理经验的获得，通过提升自身，不断提高自己的就业薪酬，进而缩小与男性之间的工资差距。

同时发现，在2008年，提高价值链分工地位本身，会形成男性内部10～70分位工资收入群体技能工资差距的缩小，以及80～90分位工资收入群体技能工资差距的扩大，而女性则与之相反，会形成10～20分位工资收入群体技能工资差距的扩大和30～90分位工资收入群体技能工资差距的缩小，说明越是工资水平高的男性群体，越有可能利用全球化分工的机会，主动学习去适应来自外部的挑战，赚取更高的收入，扩大同一性别内部的技能工资差距；越是工资水平低的高技能女性，则越有可能利用技能优势，参与全球化分工，实现收入水平的上升，扩大同一性别内部的技能工资差距。2013年的数据，则显示出，全球价值链分工地位本身的提高，会显著扩大男性内部或女性内部技能工资的差距，说明参与全球价值链分工本身，对于高技能劳动力更有益处。

通过表8－5中全要素生产率 lntfp 对性别工资 lnwage 的分位数回归结果，发现其对工资水平的影响多显著为正，表明全要素生产率本身的提高会显著增加不同性别的工资水平。在2008年，针对高技能群体，在不同的工资分位数水平下，对性别工资差距的影响有所差异，在10～80分位数的显著性水平下会起到扩大性别工资差距的作用；针对低技能群体，在60～90分位数的显著性水平下也会起到扩大性别工资差距的作用，说明全要素生产率的提升在整体上会起到一定程度的扩大性别工资差距的作用。同时发现，在2008年，全要素生产率的提升，多会形成同一性别内部对高技能群体工资水平的提升作用大于对低技能群体工资水平的提升作用，说明其会导致同一性别内部技能工资差距的扩大，仅在70～90分位数水平下，其会导致同一性别内部技能工资差距的缩小。

在2013年，针对高技能群体，全要素生产率本身的提升会明显扩大性别工资差距；针对低技能群体，发现仅在20～40分位数水平下，全要素生产率本身的提升会显著缩小性别工资差距，而在50～90分位数水平下，则会显著扩大性别工资差距，之所以会形成这种明显有别于2008年的差异化现象，可能与我国在不同时期宏观经济及地方经济的发展模式、技术进步强度和劳动力保障程度等的不同，以及不同技能劳动者自身所具有的禀赋的相对性有一定关系。同时发现，其在10～20分位数水平下，全要素生产率本身的提升会显著缩小女性内部的技能工资差距，而在其他分位数水平下，则会扩大同一性别内部的技能工资差距，这与2008年的结论基本一致。

　　通过表8－6中价值链分工的技术进步效应的分位数回归结果，发现无论是在2008年还是2013年，其对不同性别的工资水平均起到了正向的作用，表明该溢出效应会提升不同性别的工资水平。在2008年的高技能群体内部，当处于10分位数、50分位数的工资水平下，该溢出效应会显著扩大高技能群体的性别工资差距，而在40分位数、60～90分位数水平下，其会显著缩小高技能群体的性别工资差距；在2008年的低技能群体内部，发现仅在80分位数水平下，该溢出效应又会显著扩大性别工资差距，而在70分位数、90分位数水平下，该溢出效应会显著缩小性别工资差距，说明在提升价值链分工地位时，其所形成的技术进步效应，会结合不同的技能群体以及工资收入的分位数水平，对不同性别的工资水平产生差异化作用，进而形成工资差距的变化。由于低技能群体相较高技能群体，缺乏应对外来冲击的弹性，导致其有可能在新的技术进步面前，所享受到的技术红利不如高技能群体，通过对比该2008年技术进步效应对同一性别内部不同技能群体工资水平的影响，发现其在绝大多数情况下都会扩大同一性别内部不同技能群体之间的工资差距，仅在80～90分位数水平下的男性群体内部，该技术进步效应会显著缩小技能工资差距。

　　在2013年，发现针对高技能群体，价值链分工的技术进步效应会明显缩小高技能群体的性别工资差距，同时扩大10～70分位数及90分位数水平下低技能群体的性别工资差距。形成此差别的原因，可能是高技能群体内部女性对外来新技术的学习和应用能力相较低技能群体内部女性的能力更强，导致在高技能群体之间，女性的工资水平上升更快，因而形成与男性之间工资差距的缩小；而在低技能群体之间，女性的工资水平相较男性提升较少，因而形成工资差距的扩大。同时发现，在男性群体内部，仅在 20 分位、60 分位数水平下，该技术进步效应会显著扩大不同技能之间的工资差距，而在其他分位水平，则会形成不同技能之间工资差距的缩小；在女性群体内部，仅在 90 分位数的极高工资水平下，该技术进步效应会显著缩小不同技能之间的工资差距，在其他分位水平下均会扩大不同技能之间的工资差距。形成此同一性别内部不同技能群体之间工资差距的差异化现象，与不同技能的性别对该技术溢出的吸收有一定的关系，也与该技术进步的形成与扩散有一定的关系。

三、稳健性检验

为检验上述核心解释变量的分析结果，本书构造了新的关于性别变量的交互项数据，采用稳健的中位数回归方法，以检验价值链分工地位、全要素生产率、价值链分工地位通过全要素生产率所形成的技术进步效应等是否如前述引起性别工资差距的变化。具体结果如表 8 - 7 所示。

表 8 - 7　　　　　　　　　　稳健性检验结果

因变量	2008 年			2013 年		
（lnwage）	整体	高技能	低技能	整体	高技能	低技能
gvc_pos × gender	0. 30 *** (0. 08)	0. 22 * (0. 12)	0. 45 *** (0. 10)	0. 25 *** (0. 05)	0. 39 *** (0. 08)	0. 17 ** (0. 07)
lntfp × gender	0. 14 *** (0. 02)	0. 17 *** (0. 03)	0. 10 *** (0. 02)	0. 10 *** (0. 01)	0. 09 *** (0. 02)	0. 08 *** (0. 02)
gvc_pos × lntfp × gender	- 0. 22 (0. 15)	- 0. 10 (0. 23)	- 0. 03 (0. 18)	0. 66 *** (0. 09)	0. 93 *** (0. 13)	0. 42 *** (0. 14)

续表

因变量	2008 年			2013 年		
（lnwage）	整体	高技能	低技能	整体	高技能	低技能
marriage	-0.17 *** (0.04)	0.09 (0.07)	-0.22 *** (0.04)	-0.02 (0.03)	0.36 *** (0.07)	-0.17 *** (0.04)
lnedu_year	-0.06 *** (0.02)	-0.05 * (0.03)	-0.06 *** (0.02)	-0.01 (0.01)	-0.01 (0.03)	-0.02 (0.02)
lnseniority	0.80 *** (0.03)	0.73 *** (0.12)	0.31 *** (0.05)	0.68 *** (0.03)	1.55 *** (0.11)	0.36 *** (0.03)
ent_type	0.21 *** (0.01)	0.17 *** (0.02)	0.22 *** (0.01)	0.22 *** (0.01)	0.17 *** (0.02)	0.23 *** (0.01)
lnfdi	0.05 *** (0.01)	0.07 *** (0.01)	0.04 *** (0.01)	0.03 *** (0.00)	0.03 *** (0.01)	0.03 *** (0.01)
_cons	4.84 *** (0.22)	3.98 *** (0.46)	6.20 *** (0.27)	5.30 *** (0.16)	1.62 *** (0.42)	6.59 *** (0.20)
N	6378	2697	3681	8422	3330	5092
R^2	0.1547	0.1026	0.1293	0.1584	0.1427	0.1081

注：括号内为稳健标准误，采用自抽样 400 次的中位数回归方法得出。＊、＊＊、＊＊＊分别表示 0.1、0.05、0.01 的显著性水平。

表（8-7）中交乘项 gvc_pos × gender，即为价值链分工地位与性别的交乘项，其系数在 2008 年不同技能的群体之间，均显著为正，考虑到前述为性别虚拟变量的赋值中"男性 = 1"且"女性 = 2"，因此说明提高价值链分工地位本身，会提高不同性别的工资水平，且会通过性别的差距，形成男女之间性别工资差距的缩小；同时发现，其在 2008 年会产生缩小技能工资差距的作用，在 2013 年会产生扩大技能工资差距的作用，这与前述分析中，提升价值链参与度本身的作用相一致。而 lntfp × gender，即为全要素生产率与性别的交乘项，其系数在不同年份的不同群体之间均显著为正，说明全要素生产率本身的提升，会缩小性别工资差距，这与 2008 年全要素生产率的作用相一致；同时发现，提升全要素生产率本身，会扩大不同年份技能的工资差距，这与前述结论相一致。gvc_pos × lntfp × gender 即为价值链分工地位、全要素生产率和性别等三项的交乘项，其表示价值链分工的技术进步效应作用于不同性别工资的影响，其系数在 2008 年为负数且均不显著，与该年对低技能男性工资水平的影响并不显著且存在部分扩大性别工资差距的作用有关，同时发现在 2013 年均显著为正，表明其会缩小性别工资差距；且发现其会显著扩大技能工资差距，这与该年价值链分工的技术进步效应对低技能群体的影响作用相一致。因此，就整体而言，前述的分析结论是稳健的。

四、主要结论

本章采用 CHIP2008 和 CHIP2013 两年的数据，在引入个体特征变量和城市特征变量的基础上，通过测算不同年份不同城市的价值链分工地位和全要素生产率指数等核心解释变量，并利用 OLS 聚类 – 稳健回归分析和分位数回归分析全球价值链分工、技术进步对性别工资差距的作用，发现就整体而言，性别的差异会扩大不同性别群体的工资差距。

通过核心解释变量对不同性别工资的分位数回归，发现在 2008 年，提高价值链分工地位本身会显著提升不同性别的工资水平，在 50 分位数以上的中高工资群体内，该因素起到了扩大高技能群体和缩小低技能群体性别工资差距的作用，而在 50 分位数以下的中低工资群体内，则起到了缩小高技能群体和扩大低技能群体性别工资差距的作用；同时，提高价值链分工地位本身，起到了显著缩小同一性别内部技能工资差距的作用。在 2013 年，提高价值链分工地位本身也会显著提升不同性别的工资水平，同时其会形成高技能群体内部性别工资差距的缩小，以及女性群体内部技能工资差距的扩大；形成这种差异化的原因，可能与我国在不同的时间段参与价值链分工的地位、形式以及所带来的影响作用，以及不同高技能群体的自我学习意识，有一定的关系。

在全要素生产率对不同性别工资的分位数回归上，发现提高全要素生产率本身会显著提升不同性别的工资水平，同时其多会扩大同一技能群体内部的性别工资差距，并多会扩大同一性别内部的技能工资差距，说明全要素生产率本身的提升对男性和高技能群体的影响更为积极，因此，对女性和低技能群体而言，应更多地通过自我学习，提升更高的技能，实现工资水平的上升。

在不同年份，价值链分工地位的技术进步效应均起到了显著提升不同性别工资水平的作用，在 2008 年，该技术进步效应对中、高工资的不同技能群体，起到了显著扩大性别工资差距的作用，且会形成同一性别内部技能工资差距的扩大；而在 2013 年，该技术进步效应会明显缩小高技能群体和扩大低技能群体性别工资差距，且针对男性内部，会较多地产生技能工资差距的缩小，针对女性内部，则会较多地产生技能工资差距的扩大。

通过比较核心解释变量价值链分工地位、全要素生产率因素以及价值链分工的技术进步效应对性别工资差距的影响，发现在不同的年份、不同的技术层次、不同的工资分位数水平，会产生一定的差异化影响，形成此差异化影响的原因，与不同技能的性别对该技术溢出的吸收有一定的关系，也可能与该技术进步的形成与扩散有一定的关系，因此应合理考虑时间、技术、工资分位数水平等因素的影响。

通过本章的分析，为缩小全球价值链分工背景下的性别工资差距，除了应突出固有的教育、职业培训的作用外，更应鼓励企业积极参与全球价值链，提升价值链分工地位，积极发挥价值链分工的技术进步效应，提升附加值的获取能力，适当调整我国的贸易产业结构，突出我国固有的人力资源优势，夯实纺织、服装、食品、轻工等女性居于主体地位的传统产业的外向型发展，扩大对女性的就业需求，提升女性的平均工资水平，进而缩小与男性之间的工资差距；同时，应鼓励企业勇于创新，不断开拓进取，提升生产率，促进企业的不断盈利和长远发展，进而提升不同群体的工资水平；为规避科技进步带来的部分中高收入群体性别工资差距扩大的现象，应重视针对职业女性的中高级技能培训，发扬热爱科学、崇尚管理的精神，凸显高精尖技术的应用价值和前沿管理水准的生产力效应。

由于本章采用的是 2008 年和 2013 年的对比数据，相比早期的数据而言，能更准确地反映当前就业市场的性别工资差距，具有一定的时效性，但是在一些变量的作用上，也可能存在一些差异。考虑到伴随着全球贸易的不断发展，价值链分工形式的不断深入，衡量价值链分工的指标也可能在不断深化，这是值得继续跟踪和深入研究的重要方向；另外，伴随着技术进步的不断发展，技术进步的形式和衡量方式也有很多，本章采用的该种衡量方式，也可能存在一定的局限性，这也是在衡量性别工资差距的影响因素中，需要深入分析的部分。同时，考虑到价值链分工和技术进步对性别工资差距的作用，可能还受到一些其他未知因素的影响，因此深入研究潜在的个体因素或非个体因素的作用，更是在未来的研究中，值得深入分析的地方。

第九章 结论及对策建议

结论

本书在对全球价值链贸易、技术进步的表现形式及互动关系分析的基础上，通过分析全球价值链分工、技术进步对工资差距的影响，发现其主要通过中间品外包、商品价格、技术转移（模仿）和技术创新、政府和市场主体等不同途径作用于工资差距；同时，进一步构建行业、地区、性别等不同层面工资差距的理论模型，结合不同层面下全球价值链分工指标和技术进步指标以及其他因素分析了对工资差距的影响作用。

在结合理论分析的基础上，本书引入了不同价值链分工指标、技术进步指标以及价值链分工的技术进步效应等不同变量，进一步对行业、地区、性别等不同层面的工资差距展开实证分析。

在对行业工资差距的分析上，本书采用从跨国行业和中国行业两个不同的层面展开分析。首先，通过对跨国行业工资差距的分析，发现提升价值链参与度本身，会更多地降低中等收入第二产业平均工资，扩大不同收入国家第二产业之间的工资差距；提升价值链分工地位本身，则会通过更多地提升中等收入国家第二产业的平均工资，缩小不同收入国家第二产业之间的工资差距，说明各国应积极提升全球价值链分工地位，而不应为了参与全球价值链而参与，特别是中等收入国家，应规避低端锁定效应，提升自身分工地位，缩小与高收入国家行业之间的工资差距；提升全要素生产率本身会通过更多地提升中等收入国家行业的平均工资，缩小不同收入国家整体行业间的工资差距，说明中等收入国家应积极提升全要素生产率水平，促进技术水平的上升，增厚行业收益，缩小与高收入国家行业之间的工资差距。高价值链参与度的技术进步效应在不同收入国家的不同产业之间多存在负向的影响，表明高收入国家依托参与全球价值链分工形成的技术升级，会产生技术替代劳动力，形成行业平均工资的下降，而中等收入国家依赖简单地参与全球价值链，限于低端锁定状态，则较难以产生溢出性技术进步水平，也难提升行业收益和平均工资水平；在高价值链分工地位的技术进步效应中，其作用相比高参与度的技术进步效应更积极，说明应该不断提升价值链分工地位，依托其形成的技术进步效应，促进生产率的提升，缩小跨国行业间的工资差距。

在对不同收入国家行业内工资差距的影响上，提升价值链参与度和分工地位本身多会扩大不同收入国家整体行业内的工资差距，但在具体产业的影响上存在差别：提升价值链参与度本身，会形成高收入国家第一产业和第三产业内部工资差距的显著扩大，以及中等收入国家第一产业内部工资差距的显著缩小；提升价值链分工地位本身，则会形成中等收入国家第二产业和高收入国家第三产业内部工资差距的显著扩大，以及中等收入国家第三产业内部工资差距的显著缩小。提升全要素生产率本身，则起到了缩小不同收入国家整体行业内工资差距的作用，但在不同的产业上存在一些差异化作用。同时，高价值链参与度的技术进步效应，会显著扩大中等收入国家第二产业内部的工资差距，而高分工地位的技术进步效应会显著缩小高收入国家第一产业内部的工资差距，并扩大中等收入国家第一产业内部的工资差距，说明价值链分工的技术进步效应，在不同收入国家的不同产业之间，也存在着极大的差异化影响。

　　其次，通过对中国制造业分行业工资差距的分析，在对行业间工资差距的影响上，提升价值链参与度本身会显著缩小制造业全样本行业之间以及高技术行业之间、低技术行业之间的工资差距，说明我国在参与全球价值链分工中，受限于中间品外包下，国外增加值比重过大所形成的加工收益微薄和行业就业人数增加等因素的影响，对劳动密集型、资源密集型等技术含量较低的行业的影响作用相对更积极，会缩小与高技术含量行业之间的工资差距；而提升价值链分工地位本身，则会缩小与高技术行业之间的工资差距；提升专利申请本身，则会扩大全样本行业之间及高技术行业之间的工资差距；高价值链参与度的技术进步效应，会缩小全样本行业及不同技术行业之间的工资差距；而高分工地位的技术进步效应，则会扩大全样本行业之间及中低技术行业之间的工资差距，说明部分中低技术行业的技术进步效应并不明显，会形成与其他中低技术行业之间工资差距的扩大，进而形成全行业之间工资差距的扩大。

　　在对行业内工资差距的影响上，发现提升价值链参与度和分工地位本身会缩小高技术行业内部的工资差距，且在全样本行业上，提升价值链参与度本身会形成行业内工资差距的非显著性扩大，而提升分工地位本身则会形成行业内工资差距的非显著性缩小。技术进步本身缩小制造业整体行业内和中低技术行业内部的工资差距；价值链分工的技术进步效应中，高价值链参与度的技术进步效应，会缩小高技术行业内工资差距，而高价值链分工地位的技术进步效应，则会形成整体制造业行业内工资差距的缩小，但是并不显著。同时，通过门槛模型的分析，发现当价值链分工地位在门槛值两侧时，技术进步本身均能起到缩小行业内工资差距的作用，但是当低于门槛值时，其缩小行业内工资差距的作用会更大。

　　在对地区工资差距的分析上，通过对中国地区层面工资差距的分析，发现提高价值链参与度本身会扩大同一分位水平下地区之间的工资差距；增加专利申请本身会扩大低工资收入地区之间的工资差距；价值链分工引致的技术进步效应也会扩大同一分位水平下地区之间的工资差距；同时，提升价值链参与度和专利申请本身，均会形成地区内部工资差距的扩大，但是参与度的技术进步效应的影响作用并不显著。通过分区域的回归分析结果，发现提高价值链参与度本身会通过显著提升东部地区平均工资以及降低中西部地区平均工资，形成东部与中西部地区之间工资差距的扩大；专利申请本身的增加会通过更多地提升中部地区的平均工资，形成与东部地区之间工资差距的缩小；高价值链参与度的技术进步效应会显著提升东部地区的平均工资，但对地区之间工资差距的影响并不显著。在对地区内部工资差距的影响上，提高价值链参与度本身，会显著扩大中西部地区内部的工资差距；而提升专利申请则会形成东部地区内部的工资差距的缩小，和中部地区内部工资差距的扩大，形成在不同区域内部工资差距变动的差异化现象；高价值链分工地位的技术进步效应，会起到显著降低中部地区内部工资差距的作用，但是对东部和西部地区内部工资差距存在非显著的扩大作用。

在对性别工资差距的分析上，通过对中国性别层面工资差距的分析，发现就整体而言，提升价值链分工地位和全要素生产率水平会起到显著提升不同性别工资水平的作用。在 2008 年，提升价值链分工地位本身，在不同收入群体内部，会形成差异化作用，在 50 分位数以上的中高工资群体内，该因素起到了扩大高技能群体和缩小低技能群体性别工资差距的作用，而在 50 分位数以下的中低工资群体内，则会起到缩小高技能群体和扩大低技能群体性别工资差距的作用；同时，其会显著缩小同一性别内部技能工资差距；在 2013 年，其会形成高技能群体内部性别工资差距的缩小，以及女性群体内部技能工资差距的扩大；形成这种差异化的原因，可能与我国在不同的时间段参与价值链分工的地位、形式以及所带来的影响作用，以及高技能群体的自我学习意识，有一定的关系。提升全要素生产率，在不同的年份，多会扩大同一技能群体内部的性别工资差距，并多会扩大同一性别内部的技能工资差距，说明全要素生产率本身的提升对男性和高技能群体的影响更为积极。价值链分工地位的技术进步效应，在不同的年份均起到了显著提升不同性别工资水平的作用，2008 年，该技术进步效应对中高收入群体内部，起到了显著扩大性别工资差距的作用，且会形成同一性别内部技能工资差距的扩大；而在 2013 年，该技术进步效应则会明显缩小不同技能群体内部性别工资差距，且会形成男性内部技能工资差距的缩小和女性内部技能工资差距的扩大，形成此变量差异化影响的原因，与不同技能的性别对该技术溢出的吸收有一定的关系，也可能与该技术进步的形成与扩散有一定的关系，因此应合理考虑时间、技术、工资分位数水平等因素的影响。

第二节
对策建议

通过分析前述全球价值链分工、技术进步对行业、地区、性别等不同层面工资差距影响的结论，提出如下相关对策建议：

第一，针对行业工资差距的分析，在跨国分行业层面的工资差距上，首先，应鼓励不同收入国家下的分行业，在参与全球价值链的过程中，积极提升价值链分工地位，发挥高价值链分工地位的技术进步效应，增厚行业内企业在全球竞争格局下的盈利能力，提高从业者的平均工资，促进不同收入国家行业间工资差距的缩小，规避工资差距过大带来的不利影响。其次，应积极促进结合行业的技术创新模式的发展，提升不同收入国家下分行业的全要素生产率水平，助推企业盈利水平的增加，缩小不同收入国家行业间的工资差距，以及不同收入国家行业内部的工资差距。再次，不同收入国家应结合自身实际，依托不同形式的价值链分工及其技术进步效应，来调整不同产业内部的工资差距。最后，各国政府应积极提升对劳动力的就业补偿以利于劳动者积极性的发挥，特别是中等收入国家，应通过该就业补偿，缩小与高收入国家行业之间的工资差距。

在中国制造业分行业层面的工资差距上，应鼓励中低技术行业积极参与价值链，缩小与高技术行业之间的工资差距；同时应鼓励不同技术行业内的企业增加技术研发投入，为技术专利申请创造良好的外部环境，依托技术进步的积极作用，促进行业的发展，特别是高技术行业更应依托技术优势，适当提升行业的工资溢价水平；在价值链分工的技术进步效应中，应规避出口国外增加值过多形成的"低端锁定"效应，通过降低出口国外增加值，提升出口国内间接增加值，形成正向的"高端俘获"效应，促进不同技术行业更好的发展。在制造业分行业内的工资差距上，高技术行业应利用高价值链参与度与分工地位所形成的缩小行业内工资差距的积极作用，通过参与全球价值链分工，形成行业内工资差距的缩小；同时，高技术行业，应不断利用参与价值链分工的技术进步效应，形成行业内低技能劳动力生产率水平的提升，进而缩小行业内工资差距；中低技术行业应依托专利申请的积极作用，不断加大技术进步水平，形成行业内工资差距的缩小。

第二，针对地区工资差距的分析，在中国分省级行政区域的工资差距上，针对不同的区域，应有所区别。在东部地区的省份上，应鼓励企业积极提升价值链参与度，利用其成熟的市场、制度、劳动力等优势，积极开展技术创新，提升专利申请，加大知识产权的保护力度，适当提升相比其他地区的工资溢价；同时，发挥价值链分工的技术进步效应，通过承接国外中高端中间品的加工生产业务，提升技术溢出的水平，形成分工利益"高端俘获"的效应，促进本地经济的发展，适当提升相比其他地区的工资溢价；通过继续做大 GDP，增加就业机会，吸引外来高素质劳动力，促进本地高素质劳动力的供应，提高劳动力的平均工资，缩小内部不同技能劳动力之间的工资差距。在中部地区的省份上，应结合自身实际，有针对性地参与全球价值链，提升价值链分工地位；加大专利申请，发挥技术进步的积极作用，以提升地区经济增长，规避内部工资差距扩大的不利影响；发挥高价值链参与度的技术进步效应，促进地区内部工资差距的缩小；同时，积极发展地方支撑产业，提升 GDP 总量，促进平均工资的上升；最后，应通过加大政府财政支出，扶持关系国计民生的各产业的发展，以缩小地区内部不同技能劳动力之间的工资差距。在西部地区的省份上，应通过积极提升价值链分工地位，规避价值链分工过程中的低端中间品外包和低端产业转移所形成的分工利益的"低端锁定"效应，通过发展特色产业，形成价值链分工地位的提升，促进地区经济的发展；同时，应鼓励企业积极开展专利技术的申请，依托技术的助推作用形成对中低技能劳动力的需求，缩小地区内部的工资差距；继续推进西部地区产业的均衡化与持续化发展，发展不同层次的教育，吸引高素质人群的当地化就业，助推地区经济的发展，缩小与东部地区之间的工资差距；最后，应通过引导对西部地区的财政支出方向，规避非民生项目的过大投入所形成的地区内部工资差距扩大的不利情况，积极向低技能劳动力倾斜，努力缩小地区内部的工资差距。

第三，针对性别工资差距的分析，在中国分城市的性别工资差距上，首先，应规避对不同性别之间存在的歧视状况，提升女性与男性之间的就业机会平等和薪酬平等的劳动环境。其次，应鼓励不同城市的企业积极参与全球价值链，提升价值链分工地位，发挥高价值链分工地位的技术进步效应，促进企业经营利润的提升。再次，应通过技术改造和升级，不断提高城市的全要素生产率，增加企业的经营利润，提升不同性别劳动者的工资水平，缩小性别工资差距和同一性别内部的技能工资差距。同时，应大力发展各种层次和形式的教育，提升社会居民的教育素质，助推从业者理论知识和技术经验的上升，以及合理调整国有经济和非国有经济的比例，不盲目扩大私营经济的比例，规避低效竞争下的就业效应，合理化发展私营经济，继续维系和改进国有经济发展的资源集中和统一规划的相对高效竞争的发展模式，提升劳动者的工资水平，缩小内部从业者的性别工资差距以及同一性别的技能工资差距。在考虑到个人层面的因素上，劳动者个人应该尽力维系婚姻家庭的稳定，规避婚姻中的波动和不利因素，积极调整从业者的工作心态和职业发展的规划。同时，劳动者个人更应该积极利用各种全职和在职的学习机会，提升教育层次，增强就业技能，提高应对经济运行风险、行业结构调整风险的适应能力，进而提升不同就业者的工资水平，缩小不同性别之间的工资差距以及同一性别内部的技能工资差距。最后，劳动者应该积极参与就业，减少对各种失业救济的依赖，通过提升劳动者依靠自身努力创造生活的意识，积累劳动者的工作经验，以利于其日后就业技能的发挥，最终提升工资水平，缩小性别工资差距以及同一性别内部的技能工资差距。

总而言之，在当前世界经济和中国经济不断发展，全球价值链的开放性格局不断深入的大环境下，如何处理因发展带来的工资收入不平等问题，正日益成为世界各国关注的焦点问题。一方面，固然需要各国自身不断适应新的国际经济与贸易规则，在全球价值链生产分工的框架下，追求人类命运共同体互利共赢，实现跨越式的发展，缩小不同群体之间的工资差距；另一方面，更需要自身不断开拓技术创新，提升全要素生产率，突破人口老龄化、资源贫乏等限制性因素的作用，实现技术利于民众的发展，使更多的民众能有多技之长，促进工资收入水平的上升，不同群体之间工资差距的缩小。最后，时代发展的永恒主题既有经济的增长，也有人民群众的幸福获得感，因此，如何协调经济的增长与人民群众的幸福提升，显得尤为重要。

参 考 文 献

[1] 蔡宏波，周成华，蒙英华.服务进口与工资差距——基于中国服务企业数据的实证检验 [J].国际贸易问题，2014 (11)：144 – 153.

[2] 陈波，贺超群.出口与工资差距：基于我国工业行业的理论与实证分析 [J].管理世界，2013 (8)：6 – 15.

[3] 陈国强，罗楚亮.劳动生产率与工资决定的性别差距——来自我国工业企业数据的经验研究 [J].经济学动态，2016 (8)：38 – 52.

[4] 陈怡，田靖，孙文远.国际贸易对性别工资差距的影响：基于CHFS 数据的研究 [J].世界经济研究，2018 (5)：95 – 111，137.

[5] 陈勇，柏喆.技能偏向型技术进步、劳动者集聚效应与地区工资差距扩大 [J].中国工业经济，2018 (9)：79 – 97.

[6] 董直庆，蔡啸，王林辉.技能溢价：基于技术进步方向的解释 [J].中国社会科学，2014 (10)：22 – 40，205 – 206.

[7] 董直庆，王芳玲，高庆昆.技能溢价源于技术进步偏向性吗？ [J].统计研究，2013，30 (6)：37 – 44.

[8] 樊纲，王小鲁，马光荣.中国市场化进程对经济增长的贡献 [J].经济研究，2011，46 (9)：4 – 16.

[9] 冯晓华，方福前，骆哲翀.全球价值链参与路径与技能工资差距——基于中国跨省投入产出数据的分析 [J].财经科学，2018 (4)：86 – 100.

[10] 冯晓华.国际贸易对中国工资差距的影响研究 [D].华中科技大

学学位论文，2010：30－58.

［11］葛晶，张龙，王满仓．市场潜能、个人特征与地区工资差距——基于 2012 中国家庭追踪调查数据（CFPS）的研究［J］．世界经济文汇，2016（4）：80－101.

［12］耿伟，郝碧榕．全球价值链嵌入位置与劳动收入差距——基于跨国跨行业下游度指标的研究［J］．国际贸易问题，2018（6）：54－67.

［13］郭凯明，颜色．性别工资差距、资本积累与人口转变［J］．金融研究，2015（8）：13－30.

［14］郭正模，李晓梅．工资收入差距与政府宏观调控［J］．社会科学研究，2006（3）：39－42.

［15］国际劳工组织．2016－2017 年全球工资报告（工作中的工资不平等）［M］．北京：中国财政经济出版社，2018：5－68.

［16］郝翠红，李建民．技术进步、研发投入与性别工资差距——基于 CGSS 数据的实证分析［J］．贵州财经大学学报，2018（5）：44－54.

［17］胡昭玲，李红阳．参与全球价值链对我国工资差距的影响——基于分工位置角度的分析［J］．财经论丛，2016（1）：11－18.

［18］胡昭玲，夏秋，孙广宇．制造业服务化、技术创新与产业结构转型升级——基于 WIOD 跨国面板数据的实证研究［J］．国际经贸探索，2017，33（12）：4－21.

［19］黄繁华，徐国庆．基于全球价值链视角的中美制造业实际有效汇率研究［J］．国际贸易问题，2017（8）：73－83.

［20］李宏兵，赵春明，蔡宏波．外资进入扩大了性别工资差距吗［J］．统计研究，2014，31（6）：57－65.

［21］李京文．技术进步是提高经济效益的重要源泉［J］．数量经济技术经济研究，1988（3）：9－14.

［22］李磊，王小洁，蒋殿春．外资进入对中国服务业性别就业及工资差距的影响［J］．世界经济，2015，38（10）：169－192.

［23］李仁安，罗荣贵．软、硬技术进步水平测度方法研究［J］．中南财经大学学报，1996（1）：85－87．

［24］李尚骜．跨国收入差距的收敛性［J］．经济研究，2010，45（5）：110－122．

［25］李实，宋锦，刘小川．中国城镇职工性别工资差距的演变［J］．管理世界，2014（3）：53－65，187．

［26］刘斌，李磊．贸易开放与性别工资差距［J］．经济学（季刊），2012，11（2）：429－460．

［27］刘仁宝，刘冠军．科技进步对城镇职工性别工资差异的影响［J］．经济与管理研究，2017，38（11）：50－57．

［28］卢晶亮．城镇劳动者工资不平等的演化：1995—2013［J］．经济学（季刊），2018，17（4）：1305－1328．

［29］马风涛．中国制造业全球价值链长度和上游度的测算及其影响因素分析——基于世界投入产出表的研究［J］．世界经济研究，2015（8）：3－10．

［30］马庆国，胡隆基，颜亮．软技术概念的重新界定［J］．科研管理，2005，26（5）：99－105．

［31］彭飞．政府补贴扩大员工工资差距了吗［J］．贵州财经大学学报，2014（1）：44－53．

［32］邵敏，刘重力．出口贸易、技术进步的偏向性与我国工资不平等［J］．经济评论，2010（4）：73－81，89．

［33］施振荣，林文玲．再造宏碁［M］．上海：上海远东出版社，1996．

［34］宋冬林，王林辉，董直庆．技能偏向型技术进步存在吗？——来自中国的经验证据［J］．经济研究，2010，45（5）：68－81．

［35］苏丹妮，邵朝对．全球价值链参与、区域经济增长与空间溢出效应［J］．国际贸易问题，2017（11）：48－59．

［36］王直，魏尚进，祝坤福．总贸易核算法：官方贸易统计与全球价值链的度量［J］．中国社会科学，2015（9）：108－127，205－206．

［37］魏浩，杨穗，付天．对外贸易与我国的性别工资差距［J］．国际商务（对外经济贸易大学学报），2014（4）：62－74．

［38］魏下海，曹晖，吴春秀．生产线升级与企业内性别工资差距的收敛［J］．经济研究，2018，53（2）：156－169．

［39］吴云霞，蒋庚华．全球价值链位置对中国行业内劳动者就业工资报酬差距的影响——基于WIOD数据库的实证研究［J］．国际贸易问题，2018（1）：58－70．

［40］席艳乐，张相文，曹亮．贸易自由化与中国性别工资差距——基于工具变量和分位数回归方法的实证研究［J］．山西财经大学学报，2013，35（7）：12－23．

［41］夏征农，陈至立，等．辞海［M］．上海：上海辞书出版社，2009．

［42］项松林．中国企业进出口贸易的工资溢价［J］．经济评论，2013（1）：96－105．

［43］邢春冰，贾淑艳，李实．技术进步、教育回报与中国城镇地区的性别工资差距［J］．劳动经济研究，2014（3）：42－62．

［44］徐国庆，黄繁华，刘佳．基于不同层次的技术创新与技术进步的通径系数分析［J］．科学学研究，2017，35（11）：1639－1644．

［45］尹正，倪志伟．出口贸易、技术进步与工资差距［J］．工业技术经济，2018，37（4）：85－91．

［46］［英］亚当·斯密．国民财富的性质和原因的研究［M］．郭大力，王亚南，译，北京：商务印书馆，1972：39－121．

［47］余振，顾浩．全球价值链下区域分工地位与产业升级对策研究——以东北三省为例［J］．地理科学，2016，36（9）：1371－1377．

［48］喻美辞，喻春娇．国际贸易、技术创新与中国城镇劳动力的技能工资差距：基于劳动力个体微观数据的实证研究［J］．国际贸易问题，2016

（5）：16 – 27.

[49] 喻美辞. 国际贸易、技术进步对相对工资差距的影响——基于我国制造业数据的实证分析 [J]. 国际贸易问题，2008 (4)：9 – 15.

[50] 喻美辞. 中间产品贸易、技术溢出与发展中国家的工资差距：一个理论框架 [J]. 国际贸易问题，2012 (8)：14 – 21.

[51] 翟涛，于翠平. 贸易开放、有偏的技术进步和工资差距——基于中国制造业细分行业的实证分析 [J]. 商业研究，2016 (7)：102 – 111.

[52] 张浩然. 地理距离、集聚外部性与劳动生产率——基于城市数据的空间面板计量分析 [J]. 南方经济，2012 (2)：15 – 26.

[53] 张少军. 全球价值链降低了劳动收入份额吗——来自中国行业面板数据的实证研究 [J]. 经济学动态，2015 (10)：39 – 48.

[54] 赵春明，文磊，李宏兵. 进口产品质量、来源国特征与性别工资差距 [J]. 数量经济技术经济研究，2017，34 (5)：20 – 37.

[55] 赵晓霞，胡荣荣. 全球价值链参与度和工资差距——基于我国在价值链中不同地位的考量 [J]. 会计与经济研究，2018，32 (4)：90 – 105.

[56] 周昕. 全球价值链分工如何影响高技术劳动力相对工资？——基于我国制造业部门的研究 [J]. 财经论丛，2017 (4)：11 – 18.

[57] Acemoglu D. , Zilibotti F. Productivity Differences [J]. Quarterly Journal of Economics, 2001, 116 (2)：563 – 606.

[58] Acemoglu D. Labor-and Capital – Augmenting Technical Change [J]. Journal of the European Economic Association, 2003, 1 (1)：1 – 37.

[59] Acemoglu D. Why Do New Technologies Complement Skills? Directed Technical Change and Wage Inequality [J]. Quarterly Journal of Economics, 1998, 113 (4)：1055 – 1089.

[60] Akerlof G. Labor Contracts as Partial Gift Exchange [J]. Quarterly Journal of Economics, 1982, 97 (4)：543 – 569.

[61] Allen S. G. Technology and the Wage Structure [J]. Journal of Labor

Economics, 2001, 19 (2): 440 –483.

[62] Alvarez R. , Robertson R. Exposure to Foreign Markets and Plant-level Innovation: Evidence from Chile and Mexico [J]. Journal of International Trade & Economic Development, 2004, 13 (1): 57 –87.

[63] Anwar S. , Sun S. , Valadkhani A. International Outsourcing of Skill Intensive Tasks and Wage Inequality [J]. Economic Modelling, 2013, 31 (Complete): 590 –597.

[64] Anwar S. , Sun S. Trade Liberalisation, Market Competition and Wage Inequality in China's Manufacturing Sector [J]. Economic Modelling, 2012, 29 (4): 1268 –1277.

[65] Autor D. H. , Katz L. F. , Kearney M. S. Trends in U. S. Wage Inequality: Revising the Revisionists [J]. Review of Economics & Statistics, 2008, 90 (2): 300 –323.

[66] Bacolod M. P. , Blum B. S. Two Sides of the Same Coin: U. S. "Residual" Inequality and the Gender Gap [J]. Journal of Human Resources, 2010, 45 (1): 197 –242.

[67] Baldwin R. E. , Cain G. G. Shifts in Relative U. S. Wages: The Role of Trade, Technology, and Factor Endowments [J]. The Review of Economics and Statistics, 2000, 82 (4): 580 –595.

[68] Beaudry P. , Lewis E. Do Male – Female Wage Differentials Reflect Difference in the Return to Skill? Cross – City Evidence From 1980 –2000 [J]. Applied Economics, 2014, 6 (2): 178 –194.

[69] Becker, G. The Economics of Discrimination [M]. Chicago: University of Chicago Press, 1971: 70 –115.

[70] Berik G. , Rodgers Y. V. D. M. , Zveglich J. E. International Trade and Wage Discrimination: Evidence from East Asia [J]. Review of Development Economics, 2010, 8 (2): 237 –254.

［71］ Blau F. D. , Kahn L. M. The Gender Wage Gap： Extent, Trends, and Explanations ［J］. Journal of Economic Literature, 2016, 55 (3)： 789 – 865.

［72］ Borjas G. J. , Ramey V. A. Foreign Competition, Market Power and Wage Inequality ［J］. Quartly Journal of Economics, 1995, 110 (4)： 1075 – 1110.

［73］ Brown D. , Mcintosh S. Job Satisfaction in the Low Wage Service Sector ［J］. Applied Economics, 2003, 35 (10)： 1241 – 1254.

［74］ Brussevich M. Does Trade Liberalization Narrow the Gender Wage Gap? The Role of Sectoral Mobility ［J］. European Economic Review, 2018, 109 (10)： 305 – 333.

［75］ Burdett K. , Mortensen D. T. Wage Differentials, Employer Size, and Unemployment ［J］. International Economic Review, 1998, 39 (2)： 257 – 273.

［76］ Caner M. , Hansen B. E. Instrumental Variable Estimation of a Threshold Model ［J］. Econometric Theory, 2004, 20 (5)： 813 – 843.

［77］ Card D. , Dinardo J. E. Skill – Biased Technological Change and Rising Wage Inequality： Some Problems and Puzzles ［J］. Journal of Labor Economics, 2002, 20 (4)： 733 – 783.

［78］ Cheng L. K. , Kierzkowski H. K. Global Production and Trade in East Asia ［M］. Bostan, MA： Springer US press, 2001： 85 – 120.

［79］ Cobb C. W. , Douglas P. H. A Theory of Production ［J］. American Economic Review, 1928, 18 (1)： 139 – 165.

［80］ Conte A. , Vivarelli M. Globalization and Employment： Imported Skill Biased Technological Change in Developing Countries ［J］. Social Science Electronic Publishing, 2007, 49 (1)： 36 – 65.

［81］ Dalgin M. , Trindade V. , Mitra D. Inequality, Nonhomothetic Preferences, and Trade: A Gravity Approach [J]. Southern Economic Journal, 2008, 74 (3): 747 – 774.

[82] Danthine J. , Kurmann A. The Macroeconomic Consequences of Reciprocity in Labor Relations [J]. Scandinavian Journal of Economics, 2007, 109 (4): 857 – 881.

[83] Dinopoulos E. , Segerstrom P. Intellectual Property Rights, Multinational Firms and Economic Growth [J]. Journal of Development Economics, 2010, 92 (1): 0 – 27.

[84] Egger H. , Egger P. , Kreickemeierg U. Trade, Wage and Profits [J]. European Economic Review, 2013, 64 (2): 332 – 350.

[85] Fajnzylber P. , Fernandes A. M. International Economic Activities and the Demand for Skilled Labor: Evidence from Brazil and China [R]. Policy Research Working Paper, 2004.

[86] Fare R. , Zhang Z. Y. , Norris M. , Grosskopf S. Productivity Growth, Technical Progress, and Efficiency Change in Industrialized Countries [J]. American Economic Review, 1994, 84 (1): 66 – 83.

[87] Feenstra R. C. , Hanson G. H. Foreign Investment, Outsourcing and Relative Wages [R]. NBER Working Paper, No. 5121, 1995.

[88] Feenstra R. C. , Hanson G. H. Globalization, Outsourcing, and Wage Inequality [J]. American Economic Review, 1996, 86 (2): 240 – 245.

[89] Feenstra R. C. , Hanson G. H. Global Production Sharing and Rising Inequality: A Survey of Trade and Wages [M]. Oxford, England: Blackwell Publishing Ltd, 2001: 146 – 185.

[90] Feenstra R. C. , Hanson G. H. Productivity Measurement and the Impact of Trade and Technology on Wages [R]. NBER Working Paper, No. 6052, 1997.

[91] Feenstra R. C. , Hanson G. H. The Impact of Outsourcing and High –

Technology Capital on Wages: Estimates For the United States, 1979 – 1990 [J]. Quarterly Journal of Economics, 1999, 114 (3): 907 – 940.

[92] Feenstra R. C. Integration of Trade and Disintegration of Production in the Global Economy [J]. Journal of Economic Perspectives, 1998, 12 (4): 31 – 50.

[93] Findik D. Effect of Technology on Gender Wage Differential: A Panel Analysis [J]. Applied Economics Letters, 2008, 15 (10): 821 – 825.

[94] Färe R., Grosskopf S., Norris M. Productivity Growth, Technical Progress, and Efficiency Change in Industrialized Countries: Reply [J]. American Economic Review, 1997, 87 (5): 1040 – 1044.

[95] Gereffi G. Shifting Governance Structures in Global Commodity Chains, With Special Reference to the Internet [J]. American Behavioral Scientist, 2001, 44 (10): 1616 – 1637.

[96] Grossman G., Helpman E. Innovation and Growth in the Global Economy [M]. Cambridge, Mass: M IT Press, 1991a: 90 – 134.

[97] Grossman G. M., Helpman E. Endogenous Product Cycles [J]. Economic Journal, 1991b, 101 (408): 1214 – 1229.

[98] Hansen B. E. Inference When a Nuisance Parameter Is Not Identified Under the Null Hypothesis [J]. Econometrica, 1996, 64 (2): 413 – 430.

[99] Hansen B. E. Threshold Effects in Non-dynamic Panels: Estimation, Testing and Inference [J]. Journal of Econometrics, 1999, 93 (2): 345 – 368.

[100] Haskel J. E., Slaughter M. J. Does the Sector Bias of Skill-biased Technical Change Explain Changing Skill Premia? [J]. European Economic Review, 2000, 46 (10): 1757 – 1783.

[101] Hummels D., Ishii J., Yi K. M. Grossman G., Helpman E. Innovation and Growth in the Global Economy [M]. Cambridge, Mass: M IT Press, 1991: 134 – 185.

［102］ Hummels D. , Ishii J. , Yi K. M. The Nature and Growth of Vertical Specialization in World Trade ［J］. Journal of International Economics, 2001, 54 (1): 75 – 96.

［103］ Johnsona R. C. , Noguera G. Accounting for Intermediates: Production Sharing and Trade in Value Added ［J］. Journal of International Economics, 2012, 86 (2): 224 – 236.

［104］ Katz L. F. , Murphy K. M. Changes in Relative Wages, 1963 – 1987: Supply and Demand Factors ［J］. Social Science Electronic Publishing, 2000, 107 (1): 35 – 78.

［105］ Klein M. W. , Mose R. C. , Urban D. M. The Contribution of Trade to Wage Inequality: The Role of Skill, Gender, and Nationality ［R］. NBER Working Paper, No. w15985, 2010.

［106］ Kogut B. Designing Global Strategies: Comparative and Competitive Value – Added Chains ［J］. Sloan Management Review, 1985, 26 (4): 15 – 28.

［107］ Koopman R. , Powers W. , Wang Z. , Wei S. J. Give Credit Where Credit Is Due: Tracing Value Added in Global Production Chains ［R］. NBER Working paper, No. 16426, 2010.

［108］ Krugman P. , Venables A. J. Globalization and the Inequality of Nations ［J］. Quarterly Journal of Economics, 1995, 110 (4): 857 – 880.

［109］ Krugman P. R. , Lawrence R. Z. Trade, Jobs, and Wages ［R］. NBER Working Paper, No. 4478, 1993.

［110］ Krugman P. R. Technology, trade and factor prices ［J］. Journal of International Economics, 2000, 50 (1): 51 – 71.

［111］ Kurokawa Y. A Survey Of Trade And Wage Inequality: Anomalies, Resolutions And New Trends ［J］. Journal of Economic Surveys, 2014, 28 (1): 25.

［112］ Leamer E. , Maul H. , Rodriguez S. , et al. Does Natural Resource

Abundance Increase Latin American Income Inequality? ［J］. Journal of Development Economics, 1999, 59 (1): 3 – 42.

［113］ Leamer E. In Search of Stolper – Samuelson Linkages between International Trade and Lower Wages ［R］. NBER working paper, No. 5427, 1998.

［114］ Macis M., Schivardi F. Exports and Wages: Rent Sharing, Workforce Composition or Returns to Skills? ［J］. Social Science Electronic Publishing, 2012 (4).

［115］ Markusen J. R., Venables A. J. Multinational Firms and the New Trade Theory ［J］. Journal of Internatinal Economics, 1995, 46 (2): 183 – 203.

［116］ Markusen J. R., Venables A. J. Multinational Production, Skilled Labor and Real Wages ［R］. NBER Working Paper, No. 5483, 1996.

［117］ Menon N., Rodgers Y. V. D. M. International Trade and the Gender Wage Gap: New Evidence from India's Manufacturing Sector ［J］. World Development, 2009, 37 (5): 965 – 981.

［118］ Merriam – Webster's Advanced Learner's English Dictionary ［M］. MA, USA: Merriam – Webster press, Retrieved 7, November 2016.

［119］ Michaels G., Natraj A., Reenen J. V. Has ICT Polarized Skill Demand? Evidence from Eleven Countries over Twenty – Five Years ［J］. Review of Economics and Statistics, 2014, 96 (1): 60 – 77.

［120］ Oostendorp R. H. Globalization and the Gender Wage Gap ［R］. Policy Research Working Paper, 2004, 23 (1): 141 – 161.

［121］ Porter M. E. Competitive advantage – Creating and Sustaining Superior Perfomance ［M］. New York: Free Press, 1985.

［122］ Princeton N., Slaughter M. J. Does the Sector Bias of Skill – Biased Technical Change Explain Changing Skill Premia? ［J］. European Economic Review, 2000, 46 (10): 1757 – 1783.

［123］ Sauré P. , Zoabi H. International Trade, the Gender Wage Gap and Female labor force participation ［J］. Journal of Development Economics, 2014, 111: 17 – 33.

［124］ Schumpeter J. A. Capitalism, Socialism, and Democracy ［J］. Political Science Quarterly, 1942, 58 (2).

［125］ Solow R. M. Technical Change and the Aggregate Production Function ［J］. Review of Economics & Statistics, 1957, 39 (3): 554 – 562.

［126］ Theil H. , Scholes M. Forecast Evaluation Based on a Multiplicative Decomposition of Mean Square Errors ［J］. Econometrica, 1967, 35 (1): 70 – 88.

［127］ Tick S L. , Oaxaca R. L. Technological Change and Gender Wage Gaps in the US Service Industry ［J］. Annals of Economics and Statistics, 2010, (99 – 100): 47 – 65.

［128］ Verhoogen E. A. Trade, Quality Upgrading, and Wage Inequality in the Mexican Manufacturing Sector ［J］. Quarterly Journal of Economics, 2008, 123 (2): 489 – 530.

［129］ Wang Z. , Wei S. J. , Yu X. D. , and Zhu K. F. Measures of Participation in Global Value Chain and Global Business Cycles ［R］. NBER Working Paper, No. 23222, 2017.

［130］ Wang Z. , Wei S. J. , Zhu K. F. Quantifying International Production Sharing at the Bilateral and Sector Levels ［R］. NBER Working Paper, No. 19677, 2013.

［131］ Weichselbaumer D. , Ebmer R. W. A Meta – Analysis of the International Gender Wage Gap ［J］. Journal of Economic Surveys, 2010, 19 (3): 479 – 511.

［132］ Welch F. Growth in Women's Relative Wages and in Inequality Among Men: One Phenomenon or Two? ［J］. American Economic Review, 2000,

90 (2): 444 – 449.

［133］ Wood A. Openness and Wage Inequality in Developing Countries: The Latin American Challenge to East Asian Conventional Wisdom ［J］. World Bank Economic Review, 1997, 11 (1): 33 – 57.

［134］ Xu B., Li W. Trade Technology and China's Rising Skill Demand ［J］. Economics of Transition, 2008 (1): 59 – 84.

附　　录

　　　　　　　　2013 年版 WIOD 数据库中涉及的分类行业

行业类型			行业中文名称
第一产业			农业，狩猎业，林业和渔业
第二产业			采矿和采石业
	制造业		食品、饮料和烟草制造业
			纺织品及纺织业产品制造业
			皮革和鞋类制造业
			木材和软木产品制造业
			纸浆、纸张及纸张印刷品制造业
			焦炭、精炼石油和核燃料加工业
			化学原料和化工产品制造业
			橡胶和塑料制品业
			其他非金属矿物制品业
			基本金属和复合金属制品业
			机械及其他产品制造业
			电气和光学设备制造业
			运输设备制造业
			其他制造业及回收业
			电力、燃气和供水行业
			建筑业
第三产业			汽车和摩托车的销售，维护和修理业；燃料零售业
			批发贸易和佣金贸易，汽车和摩托车的贸易除外
			零售业，汽车和摩托车的销售除外；以及家居用品的修理业

续表

行业类型	行业中文名称
第三产业	酒店和餐馆行业
	内陆运输业
	水运业
	航空运输业
	其他运输业；旅行社服务业
	邮电业
	金融中介业
	房地产活动业
	租赁业和其他相关商业
	公共管理和国防业；强制性社会保障业
	教育业
	健康与社会工作业
	其他社区服务业，社会和个人服务业
	有雇员的私人家庭服务业

附表 2 　　　　　2016 年版 WIOD 数据库中涉及的分类行业

行业类型		行业中文名称
第一产业		农作物和动物的生产，狩猎和相关的服务活动
		林业和伐木业
		渔业和水产养殖
第二产业		采矿和采石
	制造业	食品、饮料及烟草制造业
		纺织服装及皮革制造业
		木材制造及木材和软木产品制造业，家具产品除外
		纸及纸产品制造业
		印刷和记录媒介的复制业
		石油及煤炭产品制造业
		化学品及化工产品制造业

续表

行业类型		行业中文名称
第二产业	制造业	基本医药产品和医药制剂制造业
		橡胶及塑料制品制造业
		其他非金属矿物制品制造业
		基本金属制造业
		金属制品业，机械设备除外
		计算机、电子和光学产品制造业
		电气设备制造业
		机械设备制造业
		汽车、拖车和半拖车制造业
		其他运输设备制造业
		家具制造业；其他制造业
		机械设备的维修及安装业
		电力，燃气，蒸汽和空调供应
		水的收集，处理和供应
		下水道；废物收集，处理和处置活动；材料回收；补救活动和其他废物管理服务
		施工
第三产业		汽车以及摩托车的批发、零售、贸易和修理
		批发以及贸易，汽车和摩托车除外
		零售业，汽车和摩托车除外
		陆路运输和管道运输
		水运
		航空运输
		运输的仓储和支持活动
		邮政和快递活动
		住宿和餐饮服务活动
		出版活动
		电影，视频和电视节目制作，录音和音乐出版活动；节目和广播活动

续表

行业类型	行业中文名称
第三产业	电信
	计算机编程，咨询和相关活动；信息服务活动
	金融服务活动，保险和养老基金除外
	保险，再保险和养老基金，强制性社会保障除外
	金融服务和保险活动的辅助活动
	房地产活动
	法律和会计活动；总公司的活动；管理咨询活动
	建筑和工程活动；技术测试和分析
	科学研究与发展
	广告和市场研究
	其他专业，科学和技术活动；兽医活动
	行政和支助服务活动
	公共行政和国防；强制性社会保障
	教育
	人类健康和社会工作活动
	其他服务活动
	家庭作为雇主的活动；家庭自用的未分化商品和服务生产活动
	域外组织和机构的活动

附表 3　　2008 年 CHIP 数据中涉及的地级（及以上）城市

省（直辖市、自治区）	地级（及以上）城市	省（直辖市、自治区）	地级（及以上）城市
上海	上海	河南	安阳
江苏	南京	湖北	武汉
江苏	无锡	广东	广州
浙江	杭州	广东	深圳
浙江	宁波	广东	东莞
安徽	合肥	重庆	重庆

省（直辖市、自治区）	地级（及以上）城市	省（直辖市、自治区）	地级（及以上）城市
安徽	蚌埠	四川	成都
河南	郑州	四川	绵阳
河南	洛阳	四川	乐山

附表 4　　　　2013 年 CHIP 数据中涉及的地级（及以上）城市

省（直辖市、自治区）	地级（及以上）城市	省（直辖市、自治区）	地级（及以上）城市
北京	北京	河南	许昌
山西	太原	河南	商丘
山西	大同	河南	信阳
山西	阳泉	河南	周口
山西	晋城	湖北	武汉
山西	朔州	湖北	宜昌
山西	晋中	湖北	襄阳
山西	运城	湖北	鄂州
山西	忻州	湖北	荆门
山西	吕梁	湖北	孝感
辽宁	沈阳	湖北	黄冈
辽宁	大连	湖北	咸宁
辽宁	鞍山	湖北	恩施
辽宁	抚顺	湖南	长沙
辽宁	本溪	湖南	株洲
辽宁	丹东	湖南	衡阳
辽宁	锦州	湖南	岳阳
辽宁	营口	湖南	常德
辽宁	阜新	湖南	张家界
辽宁	辽阳	湖南	益阳

续表

省（直辖市、自治区）	地级（及以上）城市	省（直辖市、自治区）	地级（及以上）城市
辽宁	朝阳	湖南	郴州
辽宁	葫芦岛	湖南	永州
江苏	南京	湖南	娄底
江苏	无锡	广东	广州
江苏	徐州	广东	深证
江苏	苏州	广东	汕头
江苏	南通	广东	佛山
江苏	淮阴	广东	茂名
江苏	盐城	广东	肇庆
江苏	扬州	广东	梅州
江苏	镇江	广东	清远
江苏	泰州	广东	揭阳
安徽	合肥	广东	云浮
安徽	芜湖	重庆	重庆
安徽	蚌埠	四川	成都
安徽	淮南	四川	自贡
安徽	淮北	四川	攀枝花
安徽	安庆	四川	绵阳
安徽	黄山	四川	遂宁
安徽	阜阳	四川	乐山
安徽	六安	四川	南充
安徽	亳州	四川	眉山
安徽	池州	四川	雅安
山东	济南	四川	巴中
山东	青岛	四川	资阳
山东	淄博	云南	昆明
山东	东营	云南	曲靖
山东	烟台	云南	玉溪

续表

省（直辖市、自治区）	地级（及以上）城市	省（直辖市、自治区）	地级（及以上）城市
山东	潍坊	云南	普洱
山东	济宁	云南	临沧
山东	威海	云南	楚雄
山东	德州	云南	文山
山东	聊城	云南	大理
山东	滨州	云南	德宏
河南	郑州	甘肃	兰州
河南	开封	甘肃	白银
河南	洛阳	甘肃	天水
河南	鹤壁	甘肃	平凉
河南	新乡	甘肃	酒泉
河南	焦作	甘肃	庆阳
河南	濮阳	甘肃	定西